★ 元日本アイ・ビー・エムのトップコンサルティング営業が贈る ★

大型・新規案件獲得のための

新 **法人営業マニュアル**

株式会社JCNB代表　**北澤治郎** 著

同友館

はじめに

これからは大型案件の獲得こそが、人が営業をする意義となる

　比較的金額が小さい案件であっても、確実に契約がとれるわけではありませんし、そのクローズまでにかかる労力は少なからずあります。小さな案件をたくさん追いかけても、営業目標を達成するのはなかなか難しいので、できれば大型案件を獲得して効率良く成果を上げたいというのが、多くの営業パーソンの願いだと思います。

　特に最近は、少額商品の売買やシンプルな取引については、ネットショッピングやB to Bの購買サイトで行われることが増えてきています。買い手から見れば、営業パーソンを介するよりもよっぽど便利に購買ができるので、対人営業パーソンの出る幕がなくなってきています。たとえば、保険商品の場合、以前は保険の営業パーソンから買うのが一般的でしたが、あっという間にネット保険が普及しています。

　このように、ネット上で売買される商品やサービスの範囲はどんどん広がりつつあり、さらに人工知能やロボット、センサー技術などの進歩により、これまでは人間でなければできないと思われていた営業活動が、今後ますます機械化されていくことは想像に難くありません。

　したがって、これからは人が営業するにあたって、大型案件を獲得できればベターというより、大型案件を狙うことこそがマストであり、その価値を発揮できると言えます。

　私は日本アイ・ビー・エムにおいて、25年間、営業部門で仕事をしていました。そのうちの10年間は、大型案件の発掘や新規顧客の開拓が私のミッションでした。また、そのための営業手法を開発するリーダーをしていました。その時に開発した手法を、ある顧客に適用した結果、非常に大きな契約をいただくとともに、高い満足度を提供できたことから評価され、日本アイ・ビー・エム社長賞もいただきました。

　私は、この間に培ったノウハウを広く社会で活かしたいと思い、独立・起業して、現在は企業に対する営業力強化支援の提供や、セミナーの開催などを行っています。

大型案件獲得のために大切な3つのこと

① ターゲットとする顧客の選択

② 顧客の課題発見や明確化を支援する手法とツール

③ 案件を着実に前へ進めて契約を獲得する方法

本書では上の3つを念頭に、営業戦略の立て方から、顧客に対する営業の仕方、さらには営業管理の仕方まで、幅広くかつ詳細に説明しています

　大型案件を獲得するためには、大切なことが3つあります。

　第1にターゲットとする顧客の選択です。有望なターゲットは、経営改革や業務変革に迫られている企業や部門です。なぜなら、そういうところは比較的大きな投資を予定しており、また顧客の企画段階から支援することで、競合他社よりも優位な立場になれるからです。

　第2に大切なのは、顧客の課題発見・確認のための技術です。経営や業務の変革を行おうとする顧客は、前例がなかったり、問題が複雑でその整理や課題の明確化が難しかったりすることで、営業パーソンの支援を求めています。従来のソリューション営業の教科書にあるような「顧客は課題がわかっているという前提で、それを聞き出して、その解決策を提案しましょう」といった素朴なアプローチでは歯が立ちません。

　必要になるのは、顧客の課題発見や明確化を支援する手法と、それに使うツールです。上記のように、私は日本アイ・ビー・エムで、この手法とツール開発のリーダーをするかたわら、現場での営業に従事してきました。課題解決型営業は、企業の経営や業務変革を支援できるので、非常にやりがいがある仕事です。

　この営業法ができれば、既存顧客での大型案件の獲得だけではなく、新しい顧客にも入り込みやすいので、新規顧客の開拓もできます。しかも、機械化が難しく、人が営業をする付加価値を提供しやすいので、時代が進んでもずっと

活躍し続けることができます。「営業が顧客の課題の発見や整理の支援なんて！」と思われる方も多いかと思いますが、そういう方こそ本書を読まれて、今後のためにもぜひ、チャレンジしていただきたいと思います。

　第3に重要なのは、案件を着実に前へ進めて契約を獲得する力です。営業パーソンは顧客の課題発見・確認ができたら、ソリューション（解決策）のコンセプト作りから、その詳細化、さらに契約に関する顧客との交渉を経て、クロージングまで案件を進めていく必要があります。せっかく他社に先駆けて課題を確認することができても、その解決策が競合他社にとられてしまっては元も子もありません。

　一方で、顧客の購買活動はロジカルに進められます。なぜなら、企業の透明性や公正なビジネスに関する社会の要請が強まるにつれて、購買に関する社内外への説明責任が強まり、経済合理性や信頼性、安心などが購買意思決定を行う際に重視されるようになったからです。そのため、売る側も商談をロジカルに進め、提案ロジックをしっかり作り、ステップを踏みながら契約に向けた営業活動をする必要があります。

　IBMは強力な法人営業力で知られ、その卒業生はトップクラスの経営者や営業パーソンとしてさまざまな企業で活躍しています。その秘密の一端は、社内外の優れた営業手法を全世界規模で調査して作成された、営業マニュアルと研修に負うところが大きいと思います。この中で教えられていることは、「法人営業というのは、立て板に水で話ができるとか、容姿が魅力的であるといったこととは関係がなく、標準化された営業プロセスをロジカルに進めていき、その進行の中で提案の価値を顧客に説得していけば、誰でも契約をとれる」ということです。

　私も日本アイ・ビー・エムで営業担当員、そして営業部長や事業部全体に対する営業企画部長をしていた時はもちろん、この標準化された営業プロセスに基づいて、仕事も部下に対する指導も行っていました。独立起業後は、これを参考としながらも、よりシンプルで、どの業界でも使用可能な営業プロセスの定義とその実施を支援するツールを作成し、現在支援先で使用しています。

　上記のように、営業活動を契約に向けて、ロジカルに前へ前へと進めていくことが基本ですが、もう一工夫必要なのは、「顧客の期待を超えること」です。そうすると、顧客に営業パーソンの付加価値を認知してもらうことができ、顧客満足度も高まり、競合他社との差別化もできます。本書では、顧客の期待を超える工夫例を詳しく紹介します。また、顧客満足度を上げることにより、重要顧客を維持する仕方と、それに基づく顧客の固定客化の方法についても説明します。

以上を要約しますと、大型案件を獲得するためには、ターゲット顧客を選び、課題の発見や複雑な問題の整理といった支援から始まり、顧客の期待を超える工夫をしながら、契約、顧客満足度向上に向けて、案件をしっかりと前に進めていく必要があるということです。

　端的に言うと、現在主流となっているソリューション営業法、すなわち顧客の課題を聞き出して、その解決策を提案するやり方だけではなく、顧客の言う課題を鵜呑みにせず、真の課題の発見・明確化を支援できる力が必要になるということです。

　本書は、ターゲット顧客の選定を含む営業戦略の立て方、顧客に対して課題発見・明確化の支援をする方法から、ソリューション（解決策）の提案の仕方、契約交渉の行い方、アフター・セールス活動による顧客内シェアの高め方、そして営業活動の進捗や売上予測などの管理の仕方まで、営業力に関するトピックを幅広くかつ詳細に説明しています。そのため、営業担当者の方だけではなく、営業リーダーの方にも役立ち、長く使っていただけると思います。

　本書では、筆者が独自に開発した営業力診断ツールを用いて、読者が現在の営業力はどのレベルか、それを改善するためには何をすればよいのかをわかるようにしています。このため、楽しみながら、読者一人ひとりの現状に合わせて、効率的に「営業」について学んでいただけます。

　既存顧客だけでなく、新規顧客でも大型案件を獲得し、営業という仕事を楽しんでいただくために、本書が少しでもお役に立てれば幸いです。

2016年7月

北澤　治郎

目　次

はじめに …………………………………………………………………………… 3

【序章】
法人営業の悩みに対する本書の解決アプローチ ……………… 11
　1．営業における3つの悩みを解決する ……………………………… 12
　2．営業力強化の2つの法則 …………………………………………… 17
　3．営業とはやりがいがあり、一生追求できる奥の深い仕事 ……… 20

【第1章】
法人営業力強化のコツをつかむ早道は、その特徴を知ること …… 21
　1．法人営業の基礎 ……………………………………………………… 22
　2．価格・納期志向の案件と課題解決志向の案件 ………………… 29
　3．これからの法人営業パーソンの活躍場所 ……………………… 30
　　コラム：日本の99.7％の企業が抱える課題は「営業力の強化」…… 35
　第1章のまとめ ………………………………………………………… 36

【第2章】
本書の営業力成熟度診断とそのメリット ……………………… 37
　1．網羅的な検討の中から、強化すべきところにズームイン ……… 38
　2．営業力を構成する要素 …………………………………………… 42
　　コラム：営業力はどこまで細分化するのが適当か ……………… 45
　3．網羅的に営業力を診断できるフレームワークの3つのメリット … 46
　4．営業力成熟度診断の実施は簡単 ………………………………… 50
　第2章のまとめ ………………………………………………………… 54

【第3章】
課題解決型営業のためにコミュニケーション力を磨く …………… 55
　1．コミュニケーション力は対面型営業のライフライン ………… 56
　2．顧客の時間を大切にする …………………………………………… 58

7

3．傾聴スキルを磨く ··· 60
　　　コラム：人脈力 ·· 67
　　第3章のまとめ ·· 68

【第4章】
営業プロセスの標準化ツールを活用する ··············· 69
　　1．営業プロセスを5ステップに分ける必要性 ················ 70
　　2．営業の5ステップを効果的に実施するためのツール ········ 77
　　第4章のまとめ ·· 80

【第5章】
営業ステップ1で顧客の課題を発見する ··············· 81
　　1．顧客のビジネス環境とニーズの理解をする活動の概要 ·········· 82
　　　コラム：「問題」と「課題」の違い ································ 85
　　2．営業ステップ1の成熟度診断 ································ 87
　　3．営業ステップ1の成熟度を上げる方法 ······················· 88
　　　コラム：無料診断ツールによる顧客の課題発見 ··············· 103
　　第5章のまとめ ·· 108

【第6章】
営業ステップ2で案件の芽を育てる ·················· 109
　　1．ソリューション・コンセプトを作成する活動の概要 ··············· 110
　　　コラム：スペックイン
　　　（自社に有利なように顧客の仕様決定に働きかける） ··············· 116
　　2．営業ステップ2の成熟度診断 ································ 117
　　3．営業ステップ2の成熟度を改善する方法 ······················· 118
　　第6章のまとめ ·· 132

【第7章】
営業ステップ3で勝てる提案内容を固める ··············· 133
　　1．提案ソリューションを最終化する活動の概要 ··············· 134
　　2．営業ステップ3の成熟度診断 ································ 137
　　3．営業ステップ3の成熟度を改善する方法 ······················· 138
　　　コラム：営業冥利に尽きたこと ································ 149
　　第7章のまとめ ·· 150

目 次

【第8章】
営業ステップ4で契約を獲得する ·············· 151
1. クロージング活動の概要 ·············· 152
2. 営業ステップ4の成熟度診断 ·············· 155
3. 営業ステップ4の成熟度を改善する方法 ·············· 156
　コラム：自社の社長や役員を案件に巻き込むべきか ·············· 165
第8章のまとめ ·············· 166

【第9章】
営業ステップ5で顧客内シェアを高める準備をする ·············· 167
1. 契約内容の実施と顧客満足の確認活動の概要 ·············· 168
　コラム：気づき力 ·············· 170
2. 営業ステップ5の成熟度診断 ·············· 171
3. 営業ステップ5の成熟度を改善する方法 ·············· 172
第9章のまとめ ·············· 178

【第10章】
営業戦略は、日々の営業活動を効果的にする ·············· 179
1. 営業戦略策定の概要 ·············· 180
2.「市場の把握とターゲットの選定」の成熟度診断 ·············· 184
3.「市場の把握とターゲットの選定」の成熟度を改善する方法 ····· 186
4.「顧客対応アプローチの最適化」の成熟度診断 ·············· 195
5.「顧客対応アプローチの最適化」の成熟度を改善する方法 ····· 198
6.「競合他社との差別化」の成熟度診断 ·············· 201
7.「競合他社との差別化」の成熟度を改善する方法 ·············· 203
　コラム：営業パーソンのためのインセンティブ ·············· 205
第10章のまとめ ·············· 206

【第11章】
営業管理により、チームで安定的に営業目標を達成する ·············· 207
1. 営業管理の概要 ·············· 208
2.「案件パイプラインの管理」の成熟度診断 ·············· 210
3.「案件パイプラインの管理」の成熟度を改善する方法 ·············· 213
4.「営業指標による管理」の成熟度診断 ·············· 223
5.「営業指標による管理」の成熟度を改善する方法 ·············· 225

第11章のまとめ ……………………………………………… 230

【終章】
課題解決型営業を実践するための営業組織・人材育成、営業支援組織
……………………………………………………………… 231

おわりに ………………………………………………………… 237

付録 ……………………………………………………………… 239
　1．営業力に関する成熟度診断結果記入表 …………………… 240
　2．営業ツール ………………………………………………… 242
　　(1) アカウントプラン ……………………………………… 242
　　(2) 案件プランナー ………………………………………… 251
　　(3) 案件進捗チェックシート ……………………………… 257
　　(4) 顧客価値確認シート …………………………………… 258
　　(5) 意志決定支援シート …………………………………… 261

参考文献 ………………………………………………………… 262

著者略歴 ………………………………………………………… 263

法人営業の悩みに対する本書の解決アプローチ

「すばらしい仕事をするには、自分のやっていることを好きにならなくてはいけない。まだそれを見つけていないのなら、探すのをやめてはいけない。安住してはいけない。心の問題のすべてがそうであるように、答えを見つけたときには自然とわかるはずだ」

――スティーブ・ジョブズ
アップル社共同設立者

1．営業における3つの悩みを解決する

(1)　新規案件、大型案件を発掘し、獲得するにはどうしたらよいのか
(2)　重要顧客を維持し、顧客内シェアを高めるための方法は何か
(3)　毎期、安定的に営業目標を達成するためのコツはないのか

　このような悩みをおもちの営業パーソンや管理者のために、本書を書きました。第1章に入る前に、自己紹介も交えながら上記に対する本書のアプローチを説明したいと思います。

(1)　新規案件、大型案件を発掘し、獲得するにはどうしたらよいのか

　顧客からの問い合わせを待つのではなく、こちらから提案を仕掛けて、新規顧客や大型案件を発掘して獲得することは、営業という仕事の醍醐味の1つでしょう。私は日本アイ・ビー・エムを退職した後、独立・起業して、営業力強化の支援をさまざまな会社に提供しています。日本アイ・ビー・エムでは、四半世紀にわたってさまざまな営業関係の仕事をしましたが、その中にはプリセールスとして営業活動をするとともに、その手法を開発して社内で推進するリーダーを務めた経験も長くあります。プリセールスとは、課題解決型営業とか、コンサルティング営業、コンサルタント営業などと呼ばれるものと同じです。私のミッションは、正に大型案件・新規案件を発掘することでした。

　プリセールスという言葉に馴染みのない方も多いと思いますので、本書では課題解決型営業と呼びます。この営業の特長としては、経営や業務変革の必要性を感じている顧客の課題を発見・整理するのを支援することで、これまで取引がなかった企業にも入り込みやすいことと、こういった企業は変革に比較的大きな投資をするので、大型案件になりやすいということが挙げられます。

　課題解決型営業を社内で率先して始め、そのリーダーとなったきっかけは、営業活動をしているうちに、お客様から同じような悩みを聞き、気になってきたことでした。それは、「課題がわからないのがウチの課題だよ」、あるいは「問題がありすぎて、何から手をつけたらよいのかわからない」といったことを、多くのお客様から言われたことです。

　これは私にとって、営業法に対する見方の大きな転回点でした。それまでは、「顧客は自社の課題をわかっているはずである」という前提のもと、「営業はそれに対する解決策を提案すればよい」と思っていました。しかし、このような新しい視点で顧客の状況を捉えてみると、「顧客の潜在的な課題の発見や、複雑な問題の整理の支援をすることが、これからの営業が行うべき重要なことだ」という信念をもつようになりました。

序章　法人営業の悩みに対する本書の解決アプローチ

図表序.1　どこの企業も変革へのスピーディーな対応に迫られている

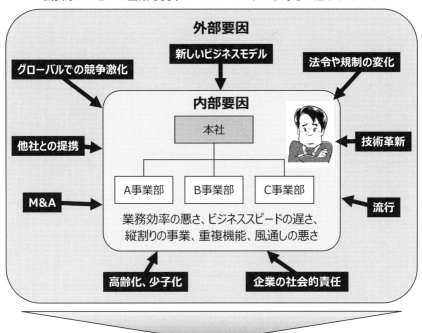

- 「課題がわからないのがウチの課題だよ」、「問題がありすぎて、何から手をつけたらよいのかわからない」と悩む顧客が非常に多い

- 顧客はベンダー（業者）からの変革に資する支援を求めている

　お客様は、需要の変化や技術革新の進歩、ライバル企業の脅威などの外部要因、さらに社内の業務効率の悪さやスピードの遅さなどの内部要因により、経営改革や業務変革に迫られています。それも、従来は数十年かかった大きな変化が、現在は数年で起きてしまい、その速度も加速しています。この経営や業務の変革に際して、自分たちだけで課題を明確にしたり、整理したりするのは難しく、顧客はベンダー（業者）に相談したがっているのです（**図表序.1**）。

　従来のソリューション営業の教科書にあるような「『貴社の課題は何か』と質問して、答えをもらいましょう」、あるいは「『なぜ』、『なぜ』と５回は聞いて、顧客の問題の真因をつかみましょう」といったシンプルなアプローチでは歯が立たず、代わって課題にしっかりと取り組むコンサルティング的なアプローチが必要になってきているのです。

「営業が顧客に課題を指摘するなんてことはできない」と尻込みしたり、「それは営業の仕事じゃない」と否定したりする人が多い中、これにチャレンジすることは、私にとっても勇気のいることでした。課題解決型営業手法を開発し、社内で推進するにあたって、当初は社内でさまざまな抵抗を受けました。

「無償のコンサルテーションで顧客の課題解決を効果的にできるわけがない」

「営業に手間がかかるだけじゃないか、さっさと提案して注文をもらってきたほうがよい」

「新規の顧客のところでコンサルテーションなんかをやろうとしても、顧客が相手をしてくれるはずがない」

このような声が、社内で影響力のある営業部長や従来の営業手法のベテランからも多くありました。

しかし、この手法の重要性を信じていた私は、6年間にわたり少人数の仲間と地道に改善を続け、徐々に結果が出せるようになり、それにつれて社内の賛同者も増えていきました。私自身が開発した課題解決型営業手法とツールを300社以上の企業で実践し、大型案件、新規案件を次々と発掘できるようになり、営業売上は以前の倍以上まで達成できるようになりました。

また、社内研修のリーダーも務め、延べ500名の営業系社員に研修を実施しました。7年ほど経った頃、日本アイ・ビー・エムの標準的な営業手法の1つとして認知されるようになり、海外IBMにも営業法のベストプラクティスとして紹介されるようにもなりました。

本書では、この課題解決型営業を効果的に行うための方法を詳しく説明します。この営業法は、対面営業がその価値を発揮できる場所がだんだんと減ってきている時代の流れから言っても、人が営業を行うことの価値を発揮するのに大切な手法になります。今や顧客は、インターネットや、セミナー、イベントなどから自分の抱える問題に対し、どのようなソリューションがあるかといった情報を、簡単かつ大してコストもかけずに手に入れられるようになり、売り手と買い手の情報格差が少なくなってきています。

そのため、単に顧客から聞いた課題だけに対するソリューションの提案をするだけでは、営業の付加価値を感じてもらえません。また、自社の製品やサービスの説明をしても、「もう知っているから」とウンザリされたり、時には顧客のほうが詳しくて営業パーソンがタジタジとなったりすることも増えてきています。

また、今日では、インターネットショッピングやBtoB（企業間）取引サイトが広く利用されるようになり、ネット上で売買される製品やサービスの範囲はどんどん広がりつつあります。

序章　法人営業の悩みに対する本書の解決アプローチ

図表序.2　対面営業パーソンの存在価値はなくなってしまうのか？

● 比較的単純な購買では、営業パーソンを介するよりも、インターネットを利用したほうが効率的にモノを買うことができる（例：B to B 購買サイト、ネット保険）

アスクル株式会社 HP

ライフネット生命保険株式会社 HP

● 人工知能や音声認識、センサー技術などの進歩により、人間が行っている仕事は次々とコンピューターで置き換えられていく（例：感情認識ヒューマノイドロボット、質問応答・意志決定支援システム）

ソフトバンク社　Pepper

IBM 社　Watson（ワトソン）

　このように、従来人間が行っていた営業活動が、IT 技術で置き換えられていく時代の流れがあります（**図表序.2**）。その中で課題解決型営業は、今後も次のように、対面営業ならではの価値を顧客に提供していくことができます。

　顧客との直接の触れ合いを通して
　　　　　↓
　お客様の気づかない課題の指摘や、複雑な課題の整理の支援をして
　　　　　↓
　お客様の期待を超える提案をして
　　　　　↓
　お客様に、「あなた」に相談して良かったと思ってもらう

(2)　重要顧客を維持し、顧客内シェアを高めるための方法は何か

　既存顧客の営業にかかる労力は、新規開拓のそれのたった5分の1で済むと言われています。顧客満足度を高く維持しながら、既存顧客で新規案件のさらなる発掘や、アップセル、クロスセルなどにより顧客内シェアを高めることが効率的です。さらに、事例になってもらえたり、他の顧客を紹介してもらえたりすれば、他社での新規顧客の開拓もグッとしやすくなります。

　顧客の満足度を高めるためには、顧客の期待を超える付加価値を提供することが必要です。そうすると、顧客から頼りにされ、また相談しようと思ってもらえます。たとえば、課題解決型営業法により、顧客の言う課題を鵜呑みにせず、課題に関する気づきを提供したり、問題を整理して真の課題を明らかにすることも、その1つです。実際、私はある顧客に課題解決型営業法を適用した結果、非常に大きな金額の契約をいただくと同時に、大変ご満足いただき、成功事例にもなっていただけました。

　また、通常のように直近の解決策だけを提案するのではなく、将来のあるべき姿を描き、そこへ至るロードマップも提案できれば、これも顧客の期待を超えることができるでしょう。

　第7章では顧客の期待を超える方法例を紹介し、第9章では契約締結後の顧客満足度の確認と顧客内シェアの高め方について説明します。

(3)　毎期、安定的に営業目標を達成するためのコツはないのか

　給料の額が業績達成度と連動して決まる場合、「今期は目標達成ができても、次期はどうなるか不安だ」というのでは、生活が安定せず精神的にもきつくなります。また、個人のレベルだけではなく企業経営のレベルにとっても、一時点での単発的な成果よりも、営業業績に大きな沈み込みがなくコンスタントに目標を達成できることのほうが重要になります。

　そのためには、効果的な営業管理法を使う必要があります。IBMではグローバルカンパニーらしく、全世界規模で社内外の優れた営業手法を調査して作成した営業マニュアルを使用しており、その中には営業管理手法も含まれています。標準化、文書化が非常に進んでおり、さらに研修も充実していて学びやすいものでした。

　私も営業部長や事業部全体に対する営業企画部長をしていた時はもちろん、この管理手法に基づいて仕事をしていました。ただ、一般の企業にとっては精緻過ぎたり、IBMのビジネスに特有なところがあったりしました。私は起業後、よりシンプルで、どの業界でも使用可能な管理手法とそのツールを作成し、現在支援先で使用しています。第11章で、この説明をします。

2．営業力強化の2つの法則

　本書は、営業力を効果的に強化するには、次の2つの法則が大切であるという考えに基づいています。

　法則1：営業力を網羅的に検討することで、効率的に強化できる
　法則2：営業力を測らなければ、改善できない

　これらの法則は、私が日本アイ・ビー・エムの営業部門で四半世紀にわたって仕事をし、さらに独立・起業後、さまざまな顧客の営業力強化に関する支援をした結果、営業力を強化するにあたって大切であると認識するようになったもので、本書の特徴でもあります。

　以下に、この2つの法則が大切な理由と、読者にとってのメリットについて説明します。

● **法則1：営業力を網羅的に検討することで、効率的に強化できる**

　かつて私は、ある支援先の営業担当役員から「営業チームがうまくクロージングできないので、助けてほしい」と依頼されたことがありました。そこで、その支援先の営業の現状を詳しく調べたところ、実にさまざまな問題が浮かび上がりました。

　たとえば、営業ターゲットが行き当たりばったりで、どこにフォーカスするか決まっていない、電話やホームページからの問い合わせを起点とする受け身中心の営業のため、顧客の課題やニーズをよく把握できていない、ほとんどが20代の営業パーソンでスキルが高くないのに、彼らを助けるツールがほとんどない、などです。結局、クロージングの前段階において営業活動をしっかりと行えていないことがしわ寄せとなり、それがクロージングの問題として噴出していたことが判明したのです。

　そのため、まず顧客ターゲットの明確化とソリューション営業へのシフトにフォーカスした営業力の改善をしたところ、大幅な業績アップを達成できました。もし、依頼どおりにクロージングの問題だけに取り組んでいたら、このような成果は上げられなかったでしょう。

　この例のように、今気になっているところや問題の原因と決めつけていることだけにフォーカスして、とりあえず何か手を打てばよいなどと考えることは大変危険です。検討に抜け漏れがあると、本当に必要な対策が後手に回ってしまう恐れがあり、後で大きな悔やみとなります。また、今改善しようとしていることが、本当に今やるべき優先度の高いことなのかと、自信がもてなくなってしまいます。

営業力は複雑なテーマです。それなのに、分けずにいきなり全体で考えようとしたり、気になっているところに取りあえず取り組んでみたりするという手法では、効果的な改善はできません。

営業力に関する問題には、営業戦略や顧客への販売方法、営業管理法など幅広い分野があります。また、販売方法の問題だけをとっても、新規案件の発掘法や提案の仕方、契約交渉の仕方など、さまざまなケースが存在します。さらに、それらは単独の問題ではなく、互いに有機的に関連し合っている複合的な問題であることも多いのです。

本書では、営業力を大きく「営業戦略策定」、「営業活動」、「営業管理」の3つにカテゴリーに分けています。詳しくは第2章で説明しますが、さらに各カテゴリーを10要素に分類し、すべてについて営業力強化のポイントを説明しています。ここまで網羅性の高い分析・解説は、類書にはない試みです。

したがって、本書を読めば、営業リーダーにとってはもちろん、現在、営業スタッフの方も、営業リーダーになるために必要な幅広い知識を得ることができます。

● **法則2：営業力を測らなければ、改善できない**

私が、日本アイ・ビー・エムで仕事をしていた時に行った他社との競争力分析や、起業後にさまざまな企業で営業力強化の支援をさせていただいた結果、企業の営業力のレベルにはかなりのバラツキがあることがわかりました。しかも多くの顧客では、現状の営業力がどの程度のレベルか、あるいはあるべき営業力とはどういうものかについて、あまり認識せずに営業力強化の議論がされていました。

もし、皆様の会社で「当社の営業力はどれくらいだと思いますか」と営業リーダーや同僚、後輩に聞いてみたとしたら、どういう答えが返ってくるでしょうか。役職レベルや営業経験年数、あるいはその人がこれまで行ってきた営業スタイルによって、十人十色の答えが返ってくるのではないでしょうか。

「測れないものは改善されない」とは、統計的品質管理で有名なデミング博士の言葉です。工業製品の生産とは違う営業力というソフトな分野でも、その良し悪しを決めるモノサシがなければ、現状のレベルとあるべきレベルの間のギャップを見出せません。そして、ギャップがわからなければ、問題が明確にならず、何を改善すべきかがわかりません。このような状況では、ある人は「問題がある」と言い、別の人は「そうは思わない」と言い合うだけの水掛け論で終わってしまいかねません。

序章　法人営業の悩みに対する本書の解決アプローチ

図表序.3　営業力の成熟度を測って、改善する

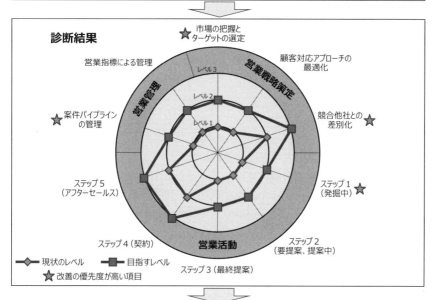

このため、営業力を10の要素（診断項目）に分解し、さらに各診断項目について3段階のレベルで定義した営業力成熟度診断を独自に開発しました（**図表序.3**）。これは私が日本アイ・ビー・エムで、顧客のITシステムの最適化レベルを診断するために開発した課題解決型営業ツールと、テーマこそ違いますが考え方は同じです。

詳しくは第2章で説明しますが、この営業力成熟度診断ツールを利用することで、現在の営業力が把握でき、優先的に改善すべき点をピンポイントで見出すことができます。さらに、現状のレベルを改善するための推奨策を読むことにより、営業力を効率的に強化することができます。

3．営業とはやりがいがあり、一生追求できる奥の深い仕事

近年アメリカのビジネススクールでは、しっかりとしたカリキュラムに基づいて営業を本格的に教えるところが増えてきています。

これまで営業の仕事は「口達者な人が、製品知識を使って根性で売り込むもの」というイメージがあったせいで、あまり体系だって教えられてこなかったようです。つまり、企業によって必要な製品知識が違うために、一様には教えられないし、口がうまくなるための方法や根性論は、高等教育機関での授業にそぐわないと思われてきたようです。

しかし現在、営業の仕事は、顧客の課題をいかに発見し、分析して解決できるかというスキルが重要な専門職として認知されるようになり、今日ではビジネススクールでも教えられるようになってきているのです。

実際、営業は、商品関連の専門知識に加え、コミュニケーション力や論理的思考力、さらに経営分析や業務分析など、さまざまなスキルを駆使しながら、案件に対してアプローチする方法のシナリオを作り、関係者を巻き込んで案件を獲得するという、とてもやりがいのある奥の深い仕事です。

特に、顧客の経営や事業の変革を支援しながら大きな案件を獲得しようとする営業パーソンには、ますます高度な営業のスキルが求められるようになってきています。

それでは、序章はこれくらいにして、次章から詳しく説明していきます。

1

法人営業力強化のコツをつかむ早道は、その特徴を知ること

「わかりやすい格言を紹介しておこう。何ごとをなすにも、正しい方法と間違った方法があるという格言だ。たとえば、毎日8時間、シュートの練習をしたとしよう。もし、この場合、間違った技術で練習を続けていたとしたら、間違った技術でシュートをする名人になるだけだ」

──マイケル・ジョーダン
バスケットボールの神様

1．法人営業の基礎

同じ営業といっても、法人向けと個人向けとでは違う部分が多くあります。なぜ、それを意識する必要があるのでしょうか。それは、法人営業の特徴を理解することで、法人営業法のコツがつかめるようになるからです。特に、法人で大型案件を獲得しようとすると、その違いは顕著になります。

両者の対比について、**図表1.1**にまとめてみました。

図表1.1　法人向け営業と個人向け営業の違い

	法人向け（B to B）営業 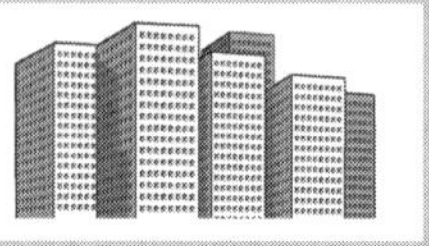	個人向け（B to C）営業 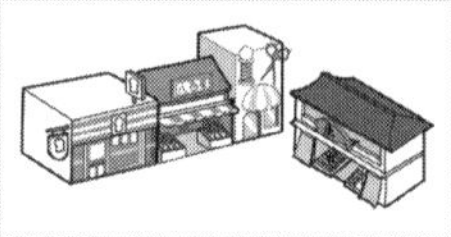
顧客	企業、団体などの法人、組織	最終消費者、ユーザーの個人
営業相手、購買決定者	組織内の複数人、多層的	個人
購買決定要因	経済合理性、信頼、安心	嗜好、感性、安さ、早さ
営業相手の専門性	高い知識と経験	低い
購買決定までのプロセスと時間	専門性に基づくロジカルな検討で長い（1ヵ月〜数年）	短い
商談回数	多い	単発
購買手続き	複雑	簡単
一案件あたりの金額	高い（数百万〜数億円）	安い（数百万円以下）
ベンダー（業者）との関係	長期的、半固定的	短期的
リピート注文の割合	高い	低い

ポイント1、ポイント2、ポイント3

この違いの中でも、特に大事なポイントが3つあります。

ポイント1：抜け漏れがないよう、顧客キーパーソンをしっかりと押さえる

ポイント2：法人の販売プロセスはロジカル、だからロジカルな営業法が効果的

ポイント3：一度契約をもらえれば、長く取引を続けてもらえる傾向がある

では、それぞれのポイントについて解説していきます。

● ポイント1：抜け漏れがないよう、顧客キーパーソンをしっかりと押さえる
(1) 顧客キーパーソンは複数存在する

　法人営業は組織に対する営業ですから、契約を獲得するには顧客の中のさまざまなキーパーソンを押さえる必要があり、投資金額の大きい案件や戦略的な案件では、その数は増える傾向にあります。**図表1.2**を参照してください。

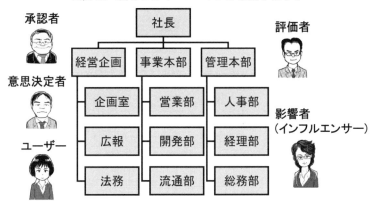

図表1.2　顧客にはキーパーソンが複数存在する

　たとえば、顧客管理のための新しいITシステムを営業部に売る場合、当然、営業部のユーザーのニーズを満たしている必要があります。また、IT部門の専門家は、そのシステムの性能やセキュリティー、障害に対する対応レベルを評価しますから、彼らの懸念も解消しなければなりません。営業部門長は購買の意思決定をするにあたって、ユーザーの反応やIT部門の評価を考慮するだけではなく、社外の専門家（コンサルタントや調査会社などのいわゆるインフルエンサー）の意見も参考にします。また、購買部門は、社内の購買規定を遵守した購買プロセスが踏まれているか、チェックします。さらに、社長あるいは担当役員が購買決定を承認しますが、彼らは投資対効果に納得できなければ、承認を拒むこともあります。

　このように、押さえるべきキーパーソンが複数存在しますので、顧客の1人から好感触を得ても安心はできません。極端な場合、その顧客は提案案件の意思決定に関係しておらず、何らかの理由で単にあなたの相手をしているだけなのかもしれません。たとえば、いかにも買う気があるかのように振る舞って、実は自分の勉強のために情報収集をしようとしているだけの場合もあります。

　営業の早い段階で誰がキーパーソンかを押さえるのが、効果的な営業のコツです。さもなければ、後で新しいキーパーソンに気がついて、営業活動に手戻

りが発生したり、実は成約の確立が非常に低い案件であることがわかったりして、それまでの時間と労力が無駄になってしまいます。キーパーソンがよくわからない場合は、「この課題に対するソリューションをベンダーが提案する場合、その購買の意思決定はどなたがされるのですか」と顧客に聞いてみましょう。意外と嫌がらずに答えてくれることが多いものです。このようなちょっとしたことが、営業の効率に大きく左右します。

⑵ キーパーソンは立場により、判断の観点が変わる

キーパーソンは、役割によって購買の判断基準が異なります（**図表1.3**）。

図表1.3　キーパーソンの購買に関する役割と判断基準の違い

		役割	判断の視点
	意思決定者	購入に対して公式な意思決定を行い、責任をもつ	関係者の意見も参考にしつつ、提案に関する業務の責任者として妥当かどうか
	承認者	投資に関する責任者として、購入決定に対するレビューをし、拒否権を発動することもある	投資対効果や戦略との整合性から見て、妥当な投資かどうか
	評価者	最終決定権はないが、複数の候補に対して評価上の優先度を付けるなど重要な役割をする	性能や品質、法令遵守などを評価し、提案を推奨してもよいのかどうか
	ユーザー	実際のユーザーの立場から提案内容をレビューする	仕事の効率や効果は改善されるのか、使うためのスキルを身につけられるのかどうか
	影響者	意思決定に対して非公式な影響を与える（社内だけでなく、社外の有名人などの場合もある）	影響を与えるだけで、影響者自身が懸案の事項について判断しない

　誰がキーパーソンで、提案案件にそれぞれがどういうかかわり方をしているのかを、早い段階から確認しましょう。これらをしっかりと把握できていない場合、成功裏に契約が獲得できる可能性は低いと言えます。キーパーソンにコンタクトすることが難しい場合、撤退を検討する必要があるかもしれません。

　上記のように、多くのキーパーソンが存在するうえ、こちらの提案に好意的な人や否定的な人、中立的な人など、さまざまいます。また、提案の価値を認めてはいただいても、非常に慎重で契約行為にまでは進めない人もいます。営業という仕事は、商材に関する専門知識だけではなく、組織力学や人間の心理までをも理解する必要があります。

第1章　法人営業力強化のコツをつかむ早道は、その特徴を知ること

● ポイント２：法人の購買プロセスはロジカル、だからロジカルな営業法が
　効果的

　法人の購買プロセスはロジカルであるとしっかりと理解できれば、法人営業力を高める近道になり、自信もつきます。なぜなら、ロジカルであるということは、感覚的な話ではなく、誰でも学べ、体裁や口達者かどうかは重要ではないということだからです。つまり、口下手でも、誠実にしっかりとしたロジックをもって営業のステップを踏んでゆけば、契約が取れるということです。

　顧客が商品やサービスの購買意思決定を行う際、経済合理性や信頼、安心を重視します。というのも、購買の決定に関し、上司や経営層、ユーザー部門、あるいは投資家など、利害関係者（ステークホルダー）への説明責任が発生するからです（**図表1.4**）。

図表1.4　説明責任の発生がロジカルな購買の源

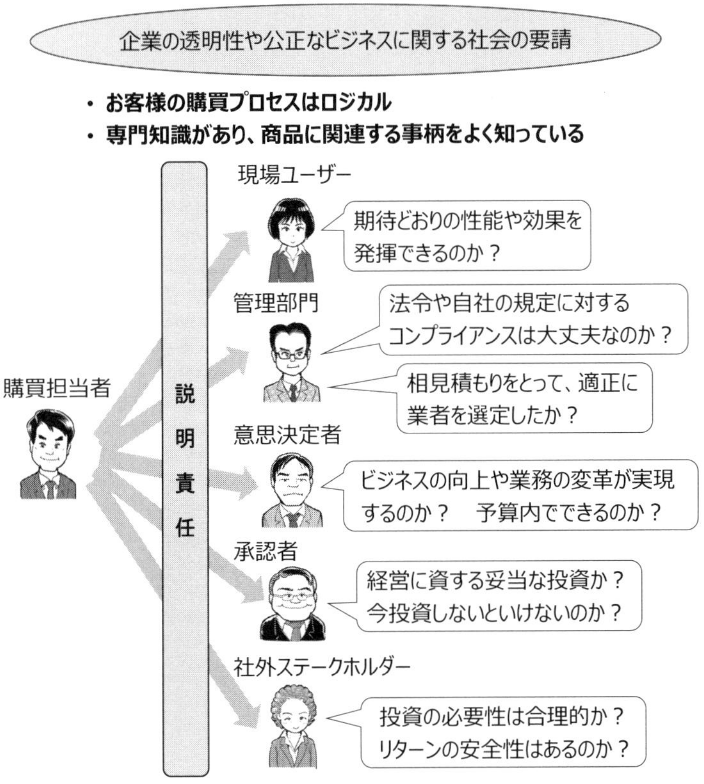

企業の透明性や公正なビジネスに関する社会の要請

・ お客様の購買プロセスはロジカル
・ 専門知識があり、商品に関連する事柄をよく知っている

購買担当者

説明責任

現場ユーザー
期待どおりの性能や効果を発揮できるのか？

管理部門
法令や自社の規定に対するコンプライアンスは大丈夫なのか？
相見積もりをとって、適正に業者を選定したか？

意思決定者
ビジネスの向上や業務の変革が実現するのか？　予算内でできるのか？

承認者
経営に資する妥当な投資か？今投資しないといけないのか？

社外ステークホルダー
投資の必要性は合理的か？リターンの安全性はあるのか？

普段、一個人の消費者としては、自分の好みや思いつきで何かを買うことも
あると思いますが、組織のメンバーとしてはそのようなことはできません。コ
スト削減のプレッシャーに加えて、企業の透明性や公正なビジネスがますます
求められるようになってきた昨今、いいかげんな理由づけでの購買は許されな
くなってきています。相見積もりをとり、他社の提案も検討した結果、適正な
購買の意思決定をしたという証明をすることが、当たり前になりました。

　適切なソリューションとして商品やサービスを購買し、それが会社のビジネ
ス成長に貢献すれば、昇進や昇格に結び付くこともあるかもしれませんが、逆
に失敗したと評価されれば、その人の社内でのキャリアに悪影響が出るかもし
れません。ですから、顧客は購買の意思決定にあたって真剣になるのです。

　たとえば、新しい機械を購買する担当者を考えてみましょう。エンジニア
（ユーザー）に対しては、その機械が必要とされる性能を発揮するのか、品質
は安定しているのか、トレーニングにどれくらいの期間がかかるのか、といっ
た質問に答える必要があります。また、工場長には、予算内で新機械を購入で
き、具体的にいくらの製造コスト削減が期待でき、購入先の企業は信用がおけ
るということも説明する必要があります。環境管理部門に対しては、新しい機
械による有害物質の発生はほとんどなく、法令や業界の規定に反していないこ
とを説明します。さらに、大きな投資であれば、その資金提供先（金融機関や
投資家など）に、投資の必然性や返済の確実性に関して納得してもらえる説明
が必要になります。

　機械の購買を例にとりましたが、IT システム、倉庫、広告宣伝、団体生命
保険など何を買うにしても、法人組織ではなぜ購買するかの理由を合理的に説
明する責任が発生します。そのため、専門知識もあり商品やサービスに関連す
る事柄をよく知っている顧客が多いのも、法人営業の特徴です。その中には、
売り込もうとしている商品について、営業パーソンよりも詳しい顧客もいて、
ベンダーと議論をして言い負かすことに楽しみを見出している人もいます。

　私がよく出入りしていた自動車や電機、銀行などの企業の顧客は非常に勉強
されていて、こちらがタジタジになってしまうことも少なくありませんでし
た。大きいところでは、IT 部門だけで数百人の社員がいたり、親会社やグルー
プ企業の IT インフラを担当する IT 専門の子会社があったりしましたが、そ
この顧客は社内での勉強会や、ベンダー主催のセミナーへの出席、調査会社を
使ったリサーチ、IT 関連資格取得ための勉強などを通して IT のことをよくご
存知で、まさにプロでした。

　このように買う側の購買プロセスはロジカルなものであり、購買担当者が専
門知識をもっているということは、売る側も専門性を高めてロジカルに顧客に

26

アプローチする必要があるということです。これは、法人営業パーソンにとって朗報だと思います。なぜなら、先にも述べましたが、ロジカルであるということは誰でも学べるということだからです。伝説の営業マンと言われている人の話や、稀有な営業経験をした人の武勇伝を聞くことがありますが、法人営業法を身につけるにはロジカルに営業する方法を学べばよいと、私は思っています。

実際、立て板に水で滑らかにしゃべるが、ロジカルにセールスを進めるのは苦手という人よりも、朴とつとしたしゃべり方で風采はパッとしないが、きちんと顧客を納得させられるセールスが得意な人のほうが高い業績を挙げています。

● **ポイント３：一度契約をもらえれば、長く取引を続けてもらえる傾向がある**

法人の購買プロセスがロジカルに進められるということは、契約が一度結ばれた後は、契約を止めるにも顧客はロジカルな説明を関係者にする必要があるということです。なぜ、別の業者の製品に変えなければならないのか、変えることでどれだけの効果があるのか、逆にネガティブな影響はないのかなどを説明し、稟議を通さねばなりません。また、これまで使用マニュアルを作成し、ユーザーがトレーニングを受けて既存の製品に慣れているのに、わざわざ別の業者のものに変更するのは煩わしいものです。

きちんと顧客を納得させられるロジカルな営業法を身につける

このような理由で、一度契約をもらって製品の使用が始まると、その顧客と長い付き合いが期待できるのも法人営業の特徴です（**図表1.5**）。

したがって、この特徴を活かさない手はありません。製品やサービスが売れた後も、しっかりと顧客をサポートしましょう。問題なく使えているのか、所期の効果は出ているのか、追加の提案機会はないのかと、しっかりフォローし続けることが大切です。もし、ユーザーなどから不満が出た場合でも、ユーザー支援や機能改善などをして、顧客社内の製品に対する不満を解消する努力も必要です。逆に、他社がすでに契約を獲得しているところは、いつ契約が切れるのかをチェックし、そのタイミングに照準を合わせて新規顧客獲得の作戦を立てるのも有効です。

図表1.5　一度契約をもらえれば、顧客との長い関係が期待できる

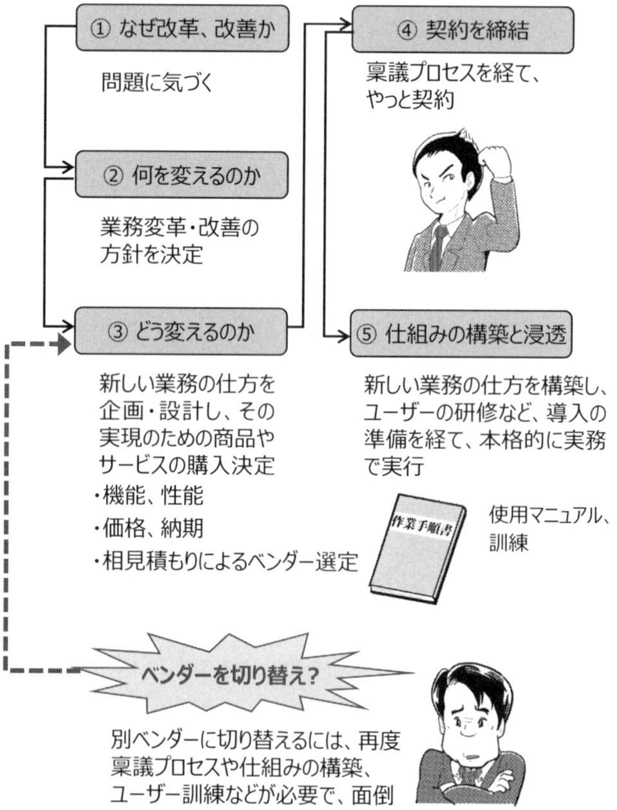

2．価格・納期志向の案件と課題解決志向の案件

　法人向け営業案件にはさまざまなものがあり、すべてのパターンに対する営業法を説明し尽くすのは不可能ですので、説明を簡単化するため、大きく次の2パターンに分類します（**図表1.6**）。
(1) 価格・納期志向の案件
(2) 課題解決志向の案件

図表1.6　法人営業案件の2パターン

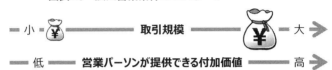

	価格・納期志向の案件	課題解決志向の案件
顧客のニーズ	➢ 課題の解決方法は自明で、買いたいものもわかっている ➢ コストとスピードを重視する （例：コモディティ化した商品、いつも注文している部品）	➢ 課題の解決方法がわからないので、提案してほしい ➢ 課題そのものも明確ではなく、その整理を支援してほしい （例：ビジネス拡大のための戦略的ビジョンの実現、前人未踏のプロジェクト）
ベンダーに必要な能力	➢ リーズナブルな価格での提供 ➢ 問い合わせや注文の迅速な処理 ➢ スピーディーで確実な納品 ➢ 仕様書どおりの品質	➢ お客様のニーズを徹底的に聞く ➢ 業界に精通した深い専門知識 ➢ 豊富な経験と実績 ➢ 明快で理路整然とした課題解決 ➢ お客様の期待を超える
営業チャネル	➢ ネットや電話によるセールス	➢ 対面でのセールス中心

本書のフォーカス

⑴ 価格・納期志向の案件

これは比較的単純な案件で、顧客は課題も解決方法もわかっており、買いたいものもはっきりしている場合です。値段がそれほど高くなく、リピートで購買するような製品や部品などがその例です。このような案件では、顧客は面倒な注文手続きなしに、安い値段で早く商品を手に入れたいと思っています。そのため、業者のホームページやB to Bの調達サイトから商品を選んで購入することが一般的です。

対面営業パーソンは、このような案件に対しては、顧客が希望する商品とは違うものを提案しようなどと、無駄な時間を使わないほうがよいでしょう。対面営業の付加価値を提供できる余地はあまりありません。

⑵ 課題解決志向の案件

これは比較的複雑な案件で、顧客は課題はわかっていても解決方法がわかっていない、あるいはビジョンだけがあって課題すらまだ明確でないようなケースです。たとえば、これまでにない製品の開発や新規市場への戦略的取り組み、業務変革の実現に関係する案件です。顧客にとって未知の領域であるため、前例がないことも少なくありません。

このような場合こそ、対面型営業を中心とする営業パーソンの腕の見せどころです。顧客のビジネス状況やニーズを詳しく把握し、課題を明確にし、それが実現できる解決策を提案します。その際、業界や課題領域についての深い知識と経験に基づいて顧客の予想を超えるような提案ができれば、営業パーソンとしての付加価値を充分に提供できたことになります。

本書では、営業パーソンが価値を提供できるようになり、なおかつ営業という仕事にやりがいがもてる課題解決型営業法について、詳しく説明します。

3. これからの法人営業パーソンの活躍場所

法人営業法の時代的変化を振り返り、法人営業はこれからどう変化しないといけないのかを展望してみます（**図表1.7**）。

昔の高度経済成長時代では、モノは作れば売れ、御用聞き営業でも商品の説明中心の売り方でも問題ありませんでした。しかし、低成長時代に入り、なかなかモノが売れなくなると同時に、コモディティ化の波もやってきました。すなわち、商品の差異が縮小し、国内だけではなく海外からもすぐに類似品が出てくる時代です。こうなると、顧客が購買するうえでの主な決め手は価格になってしまい、競合する企業間で消耗戦が強いられるようになってしまいま

第1章　法人営業力強化のコツをつかむ早道は、その特徴を知ること

図表1.7　法人営業法の移り変わり

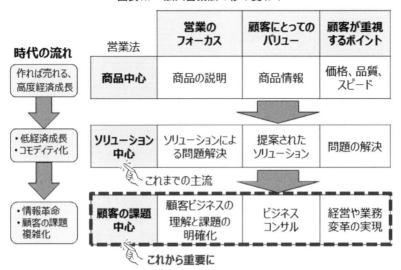

す。また、顧客からの注文を待っているだけでは、売上は上がりません。

このようなトレンドから、ソリューション営業（問題解決型営業、提案型営業）が注目され、現在の法人営業では主流のやり方になっています。ソリューション営業の目的は、次の2つです。

　目的1：価格以外のところでバリューを出して、自社を選んでもらう
　目的2：待ちの営業ではなく、こちらから積極的に働きかける営業に転換することで売上高を安定させる

そうはいっても、見かけだけはソリューション営業で、実質は商品を押しつけているのと変わらないような売り方も横行しています。たとえば、「貴社のコスト削減には、弊社の〇〇商品がお役に立てます」と課題の話からセールストークを始めるけれども、顧客の状況や課題の優先度も聞かず、本社営業部から配布された営業資料を使って、判で押したように同じ話をどの会社にも押しつける――このようなソリューション営業もどきが実際、よく見受けられます。

ただ、見かけ倒しではない本来のソリューション営業も、近年難しくなってきたことも、また事実です。その理由は2つあります。

　理由1：情報化の急激な進展
　理由2：顧客の課題の複雑化
　説明します。

図表1.8 売り手と買い手の情報格差はなくなってきている

お客様はご存知ないかと思いますが、この課題にはこんなソリューションがあり、それは弊社の製品○○で実現できます

ネットで調べたから知ってるよ。おたくの製品のこの機能より、△△社の□□の機能のほうが良いようだけど？

う〜ん、お客様のほうが詳しい……

● **理由1：情報化の急激な進展**

　昔は、売り手側がもつソリューションや製品に関する情報は、売られる側よりも圧倒的に優位でした。ところが、急速に情報化が進展しました。今や売られる側は、インターネットやセミナー、イベントなどから、自分の抱える問題に対してどのようなソリューションがあるのかといった情報を、簡単かつ大してコストもかけずに手に入れられるようになりました。すなわち、売り手と買い手の情報格差がなくなってきたのです。

　また、どこの売り手もソリューションの切り口から商品を語るようにより、似たり寄ったりのソリューションが巷にあふれ、差異がほとんどなくなりました。いわば、ソリューションのコモディティ化です。そのため、**図表1.8**のような会話が至る所で見受けられます。つまり、コモディティ化したソリューションのありきたりの話では、今や顧客にウンザリされてしまうのです。

　さらに、インターネットショッピングやBtoB（企業間）取引サイトも広く利用されるようになりました。単純な購買では、営業パーソンを介するよりもインターネットを利用したほうが、顧客は効率的にモノを買うことができます。また、近年では人口知能や音声認識などにより、顧客からの商品やサービ

スに関する質問への回答支援もコンピューターで行えるようになり、現在はかなり複雑な質問に対しても的確な回答ができるようになりました。これは少し前まで、人間でなければできないと思われてきた仕事です。ソリューション営業の仕事も、すべてではないにしてもコンピューターに置き換えられていくことは確実です。

● 理由2：顧客の課題の複雑化

　グローバル化や科学技術の高度化により、顧客の課題はますます複雑化しています。たとえば、海外ビジネスの拡大、異業種への参入、新しいビジネスモデルの確立、事業部ごとの個別最適ではなく全社最適の実現、先進技術を使った差別化などです。

　従来からの延長線上でビジネスができる状況ではなくなってきており、どこの企業もビジネス変革の必要に迫られています。改善レベルの小さなステップではなく、変革・改革レベルの大きなステップでは、多様な問題を整理し、取り組むべき課題を明確化することが重要です。課題をはっきりさせることができたら、もうそれだけで半分は解決したようなものです。

　これまでのソリューション営業に関する教科書では、「『貴社の課題は何か』と顧客に質問して、答えをもらいましょう」、あるいは、「『なぜ』、『なぜ』と最低5回は聞いて、顧客の問題の真因をつかみましょう」といった説明が多かったと思います。しかし、外部の人間である営業パーソンにそんな質問をちょっとされたからといって、顧客が自社の課題に関して新たな気づきを得ることは難しいでしょう。何しろ、顧客はその分野で長年仕事をして、生計を営んでいるのですから。

　私の経験では、変革に取り組んでいる顧客にアプローチすると、先述しましたが、「課題がわからないのがウチの課題だよ」とか「問題がありすぎて、何から手をつけたらよいのかわからない」と言われることが、非常に多くありました。このように、従来からのソリューション営業のシンプルなアプローチでは、歯が立たない状況が多くなってきています。

　では、このような案件は難しいから手を出さないほうがよいのでしょうか。そうではありません。経営改革や業務変革には、顧客は大きな投資をしますし、企画段階から顧客を支援できれば、案件獲得に向けて非常に有利になります。よって、大型案件を獲得したい営業パーソンにとっては、こういう取り組みをしようとしている企業が狙い目です。さらに、顧客のこのような大きな変化を支援してその業績が上がれば、社会への貢献を感じることができ、営業冥利に尽きます。

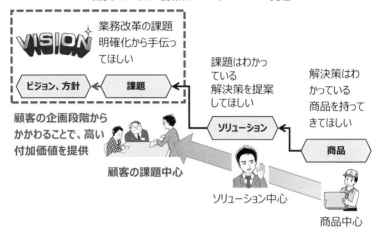

図表1.9 法人営業法のフォーカスの変遷

　また、前述したように、簡単な案件についてはインターネットや情報処理技術の進展により、法人営業パーソンの介入は不要になりつつあり、課題解決型営業でしか営業パーソンの活躍の場はなくなってきているのです。

　ネットショップなどとは違い、「人」が営業することの付加価値を出すには、顧客とのハイタッチなふれあいを通して、その気づかない課題を指摘したり、期待を超える提案をしたりして、「あなたに相談して良かった」と思ってもらえるようになることが大切です。

　そのためには、これからの時代、課題解決型営業ができる必要があります（**図表1.9**）。端的に言うと、時代の流れに応じて営業パーソン自身も変革する必要があると思います。

　自分自身の変革は、なかなか大変です。ベテランの営業パーソンが、課題解決型営業に変われなかったケースを数多く見てきました。たとえば、顧客に密着して個人的な関係を築き、営業予算が達成できなくなりそうなときは、顧客に懇願して数字を作るといったスキルとは別のものがあります。

　課題解決型営業は、建築家の手法と似ています。顧客のニーズを確認し、場合によっては気づいていない願望を発掘して、その期待を超える解決策を提示しなければなりません。課題の確認法については第5章で、顧客の期待を超える方法については第7章で詳しく説明します。

コラム：日本の99.7%の企業が抱える課題は「営業力の強化」

皆さんは、日本にどれだけの数の企業があるのか、知っていますか？
約382万社です（『中小企業白書　2016年版』）。
それでは、そのうち中小企業の割合はどれくらいだと思いますか？
99.7%です。

中小企業に対し、経営基盤の強化に向けて注力する分野に関する調査が行われ、「営業力・販売力の強化」を課題としている割合が74%ともっとも高い結果になりました（『中小企業白書　2012年版』）。ちなみに、次に回答割合が高いのは「人材の確保・育成」で36%です。

私は独立・起業後、さまざまな中小企業を支援してきました。大企業のように、知名度やブランド力を活かした営業はできません。また、商品にも圧倒的な優位性や独自性があるわけでもなく、広告や販促にかけられるお金も非常に限られており、マーケティングのプロがいない企業がほとんどです。

人気商品があり顧客からの注文をさばくだけ、あるいはメディアを使った宣伝やキャンペーンの力を借りる、などの勢いで営業することができない中小企業こそ、本物の営業力を強化して業績を上げていく必要があります。

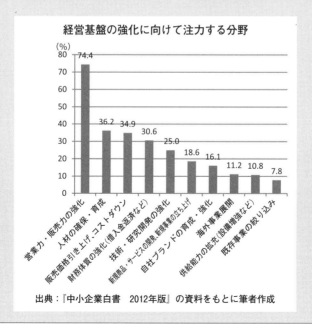

出典：『中小企業白書　2012年版』の資料をもとに筆者作成

第 1 章のまとめ

ポイント

◆ 法人向け営業は個人向け営業とは違う特徴があり、特に大型案件になると
それが顕著になる
特徴1：組織に対する営業であり、顧客キーパーソンは複数存在する
特徴2：法人の購買プロセスはロジカル、だからロジカルな営業法が効果的
特徴3：いったん契約いただくと、長く取引を続けてもらえる傾向がある

◆ 現在、主流となっているやり方は、ソリューション営業（問題解決型営業、
提案型営業）だが、単純なソリューション営業では営業の付加価値を出せ
なくなってきた
理由1：情報化の急激な進展で、売り手側と買い手側の情報格差がなく
なってきた
理由2：顧客の課題が複雑化し、課題に対するソリューションを提案しよ
うにも「課題そのものが明確ではない」と言う顧客が多くなって
いる

◆ これからは、顧客との直接のふれあいを通して、その気づかない課題の指
摘や明確化の支援をし、さらに、期待を超える提案をして、「相談して良かっ
た」と思ってもらえる営業パーソンになる必要がある

◆ 経営改革や業務変革には顧客の大きな投資が期待できるうえ、企画段階か
ら支援できれば案件獲得に向けて非常に有利になるので、課題解決型営業
はこれから重要になる

チェックリスト

☐ 営業活動の早い段階で、誰がキーパーソンか、また、その人の役割と判断
基準を押さえるようにしている

☐ 提案ロジックをしっかりと作って、ステップを踏みながら契約に向けた営
業活動をしている

☐ 他社がすでに契約を獲得しているところは、いつ契約が切れるのかを
チェックし、そのタイミングに合わせて新規顧客獲得のための作戦を実施
している

2

本書の営業力成熟度診断とそのメリット

「クオリティを保つため、すべての過程において作業は標準化されなくてはならず、クルー（スタッフ）は全員、同じ教育を受ける必要があった」

——レイ・クロック
マクドナルドコーポレーション創業者

1．網羅的な検討の中から、強化すべきところにズームイン

　この本を手に取っていただいているということは、営業に関する何らかの悩みをおもちだと思います。それは何ですか。

　たとえば、私が支援した企業では、以下のような悩みをもっていました。

（社長）「近頃の営業は、ガッツが足りない。御用聞きばかりしていないで、ガンガン提案しに行ってほしい」（営業方法の問題）

（営業部長）「各課の営業活動がどこまで本当に進展しているのか、把握できない。期末になると売上予想が大きく変動し、社長から叱られ続けだよ」（営業管理の問題）

（営業課長）「うちの課は営業経験の浅い人がほとんど。新規案件や大きな案件がとれない。どうしたらうまくいくのかしら」（営業方法の問題）

（営業担当者）「提案のための雛型など、営業ツールを与えられていないので、自分で一々作らなければならない。それに、社内手続きも複雑で時間がとられるから大変だよ」（営業支援の問題）

（営業企画部）「ターゲット顧客が明確ではないし、他社との差別化戦略もないから、これから考えていかなくてはならないわ」（営業戦略の問題）

　この例でわかるように、営業力に関する問題には、顧客への販売方法や営業管理法、営業戦略など幅広い分野があります。また販売方法の問題だけをとっても、新規案件の発掘の問題やクロージングに関する問題など、さまざま存在しています。

　営業力を改善するための議論で陥りやすいのは、関係者が意見をてんでばらばらに言って、収拾不能になってしまうことです。

　このように営業力の強化にあたってよく犯しがちな間違いの原因は、**図表2.1ａ**のように、「営業力は複雑なテーマであるのにもかかわらず、分けずにいきなり全体で考えようとする」ことです。

図表2.1 なぜ、営業力強化の検討がうまくいかないのか

　松下幸之助さん（松下電器、現パナソニック創業者）のエピソードがあります。「テレビの製造原価を大幅に削減するには、どうしたらよいか」というテーマを社員で一生懸命に議論しても、これといった答えが出ないことがありました。そこに松下さんが来て、テレビをその場で分解させたそうです。

　そして、一つひとつの部品を指して「これ、なんぼ？」と質問していきました。最後に、単価の高い部品をいくつか選んで「これとこれの単価を下げたらいいのと違うの？」と言ったそうです。

　「わかる」という言葉の語源は、「分ける」と同じと言われています。有名な哲学者・数学者であるデカルトは『方法序説』の中で、「検討しようとする難問をよりよく理解するために、多数の小部分に分割すること」と言っています。それと同じで、営業力という大きくて複雑なテーマは、その要素にばらして一つひとつ検討する必要があります。

複雑な問題にいきなりぶち当たって砕けてしまうこと以外にも、営業力の改善が進まないことがあります。それは、現状の問題やあるべき姿に対する認識がはっきりしないケースです。「今のやり方が一番良いんだ」と現在の営業法に固執したり、「先輩もこうやってきたのだから」とこれまでのやり方に疑問をもたず、ただ踏襲するだけの状況では、現状の営業力すらよくわかりません（**図表2.1ｂ「現状の分析不足」**）。また、競合他社のやり方や営業の仕方のベストプラクティスを知らなければ、何があるべき姿かわかりません（**図表2.1ｃ「あるべき姿を知らない」**）。ちなみに、ベストプラクティスとは最善慣行、すなわち、お手本のことです。

　このように、現在の営業力とあるべき姿との間のギャップがわからないと、特に問題はないということになってしまいます。これでは、改善することはできません。そこで、本書では次の３つのコンセプトに基づいて、独自に作成した営業力の成熟度診断手法を用いて、効果的に営業力の強化を実現します（**図表2.2**）。

⑴　「営業力」を構成要素に分解（分ければ、わかる）

　営業力という広範囲な事柄を含むテーマを要素（診断項目）に分解し、「分ければ、わかる」を実現します。

⑵　各構成要素（診断項目）に対して、成熟度を定義

　各要素、すなわち、診断項目について、成熟度をレベル１～３の３段階で定義しています。成熟度の定義と照らし合わせることで、あなた自身やあなたの営業組織の営業力レベルを確認することができます。さらに、将来、目指すべきレベルを決めることもできます。こうして、現状とあるべき姿のギャップ、すなわち、問題点を明確にします。

⑶　明らかになった営業力に関する問題を改善するための対処法を提供

　現在のレベルを向上させて、目指すレベルになるための改善策が必要です。本書では、診断結果に対する処方箋も提供します。

第2章　本書の営業力成熟度診断とそのメリット

図表2.2　営業力成熟度診断のコンセプト

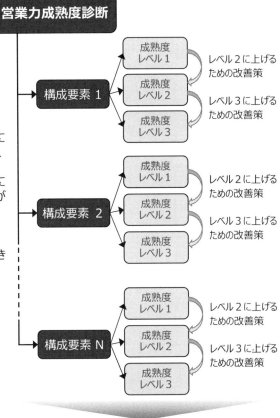

どのようなものか
- 営業力を構成する要素に分解し、構成要素ごとに、その成熟度を評価
- 現状の成熟度を知ることにより、どこを改善すべきかがわかる

何をするのか
- 営業力の現状と、あるべき姿のギャップを明確化

何がわかるのか
- 現在の営業力のレベル
- 現状のレベルを改善するための対策

構成要素　は**図表2.3**を参照

成熟度診断結果
➢ 現状のレベル
➢ 改善の対策

41

2．営業力を構成する要素

それでは、営業力の構成要素の詳細を見てみましょう。**図表2.3**にあるように、営業力を大きく「営業戦略策定」、「営業活動」、「営業管理」の3つのカテゴリーに分けています。さらに、各カテゴリーを細分化し、全部で10の構成要素、すなわち、診断項目を設けました。

図表2.3　営業力の構成要素（診断項目）

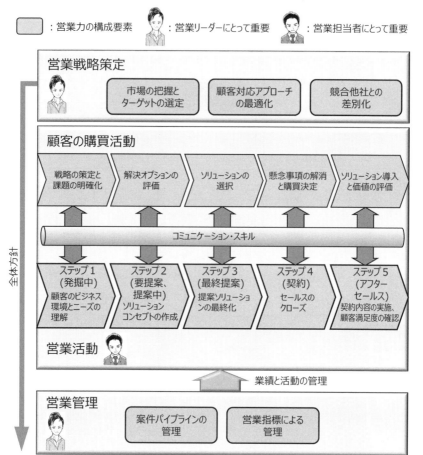

(1) 営業戦略策定

　営業戦略では、中長期の営業に関する目標や方針を定め、その達成方法を明らかにします。通常、営業リーダーによって作成され、「営業活動」と「営業管理」に対して全体的な方針を与えます。たとえば、「営業活動」に対してはターゲット顧客や営業チャネルについての方針を、「営業管理」に対しては営業目標とその実現のための管理指標に関するガイドを与えます。
　本書では、営業戦略を次の3つの構成要素に分解しています。

① **市場の把握とターゲットの選定**
　営業でフォーカスする市場や顧客の決定。

② **顧客対応アプローチの最適化**
　対面型営業やテレセールス、ホームページなどの社内の営業リソースと、販売パートナーなどの社外の営業リソースに関し、どのリソースが、どの顧客や取り引きをカバーするのがもっとも効果的か、の決定。

③ **競合他社との差別化**
　ターゲット顧客のニーズに基づいた、競合他社に対する自社の製品やサービスの優位性の明確化。

(2) 営業活動

　営業活動は、営業パーソンが日々顧客に対して行う業務で、ステップ1の案件の発掘からステップ5の契約後のフォローまで、順にステップを踏んで進んでいきますので、これらの5つの構成要素に分解しています。

- ステップ１（案件発掘中）
  顧客が置かれている状況や困りごと、ニーズの理解による課題の明確化。

- ステップ２（要提案、提案中）
  課題を解決するためのソリューション（解決策）の必要性の確認と、ソリューションの方向性の決定。

- ステップ３（最終提案）
  ソリューション提案の内容を詳細化し、金額、条件なども最終化。

- ステップ４（契約）
  顧客と互いにWin-Winになるように交渉し、セールスをクローズ。

- ステップ５（アフターセールス）
  契約に従って商品やサービスを提供し、予定どおり利用され、顧客が満足していることの確認。

これらの５つのステップは、活動の区別のために分けているだけですので、１回の顧客訪問で１つのステップしか行わないわけではありません。案件の性質や状況に応じて、１回の訪問で複数のステップを行うことも可能です。

(3) 営業管理

営業管理は、営業リーダーが中心となって、チーム全体の営業活動の進捗を確認し、組織の目標を達成するための管理活動です。また、各営業パーソンも個人レベルで営業成績の管理を行い、目標達成のための対策を立てます。次の２つの構成要素があります。

① 案件パイプラインの管理

複数の案件をそれぞれ前に進めながら、見込みがなくなったものは捨てて新たな案件を仕込むことで、常に複数の案件を維持していこうとする考え方です。こうすることで、毎期、安定的に営業目標を達成することを狙います。

② 営業指標による管理

売上高のような業績に直結する管理指標はもちろん、新規案件発掘数や商談化率のように、強化したい行動に関する管理指標も設定して管理を行います。営業の進捗を可視化するとともに、適切なアクションをとれるようにします。

コラム：営業力はどこまで細分化するのが適当か

本書では、営業力を３つのカテゴリーに分け、さらに、それを10の構成要素（診断項目）に細分化していますが、営業力はどのくらいの数まで細分化すればよいのでしょうか。

自然科学の分野とは異なり、どのように細分化すべきかを理論的に決めることはなかなか困難です。たとえば、戦略策定の有名なフレームワークに３C（Company：自社、Customer：顧客、Competitor：競合）があります。

これとて、この３つの構成要素に分解するとなぜ良いのか、を説明する深遠な理論があるわけではありません。経験上、このフレームワークで検討すると、戦略に関する有用な考察が得られるから使われているにすぎないのです。この３Cに、もっと他の要素、たとえば、Collaborator（協力会社）を加えて４Cにすることなども必要に応じて行われています。

営業力をあまりに粗く分類すると、向上させるための検討も粗くなり、議論が迷走してしまいます。逆に細かく分けすぎると、検討項目の多さに忙しい営業パーソンはうんざりしてしまったり、取り組むのに腰が引けたりしてしまうでしょう。

本書の成熟度診断は、実際の現場で適用すると、実施先から必ず、営業力強化のための気づきが得られ効果があったという評価をいただいています。そのため、営業力を10の構成要素に分ける本書の分類法の有用性は担保されていると考えます。

３．網羅的に営業力を診断できるフレームワークの３つのメリット

営業力の構成要素を網羅的に検討することで、以下の３つのメリットが得られます。

● メリット１：拙速な検討による弊害を防止できる

ある企業の営業担当役員から「営業チームがうまくクロージングできないので、支援してほしい」と依頼されたことがありました。営業の現状を詳しく調べた結果、さまざまな問題が浮かび上がりました。

たとえば、営業ターゲットが行き当たりばったりで、どこにフォーカスするか対象が決まっていない、電話やホームページからの問い合わせを起点とする受け身中心の営業のため、顧客の課題やニーズをよく把握できていない、20代の営業パーソンが多くスキルが高くないのに、彼らを助けるツールがほとんどない、などです（**図表2.4**）。

結局、クロージングの前段階で営業活動がしっかり行えていないことがしわ寄せとなって、クロージングの問題として表れていたことが判明したのです。そのため、顧客ターゲットの明確化とソリューション営業へのシフトにフォーカスした営業力の改善をすることで、大幅な業績アップを達成できました。もし、依頼どおりにクロージングの問題だけに取り組んでいたら、そのような成果は上げられなかったでしょう。

また別のケースでは、営業リーダーが部下に対し、顧客を訪問する時間が少なくオフィスにいる時間が長すぎると考えていたことがありました。営業リーダーの見立てでは「顧客をどんどん訪問しようとしないのは、部下にガッツが足りないからだ」とのことでした。

しかし、よく調べてみると、チームでの提案書のひな型や成功パターンの共有がないため、各人が毎回一から考えて作っているため、社内で時間がとられていることがわかりました。また、営業リーダーのレビューが細かすぎて、社内向けの資料づくりに必要以上に時間がとられていることもわかりました。さらに、営業業務支援のIT化が遅れており、外出先のモバイル環境で社内業務の処理ができず、わざわざ帰社してからそれを行っていました。

これらの例でも見たように、今気になっているところや問題の原因と決めつけていることだけにフォーカスして、とりあえず何か手を打てばよいと考えることは危険です。検討に抜け漏れがあると、本当に必要な対策が後手に回る恐れがあり、後で大きな悔やみとなります。また、今手をつけようとしていることが本当に今やるべき優先度の高いことなのか、自信がもてなくもなります。

第2章 本書の営業力成熟度診断とそのメリット

図表2.4 営業力の網羅的診断のメリット1

✓ 拙速な検討により、他の大事な問題を見過ごすことを防げる

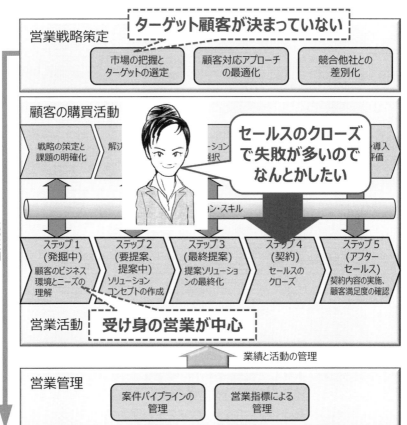

図表2.5　営業力の網羅的診断のメリット２

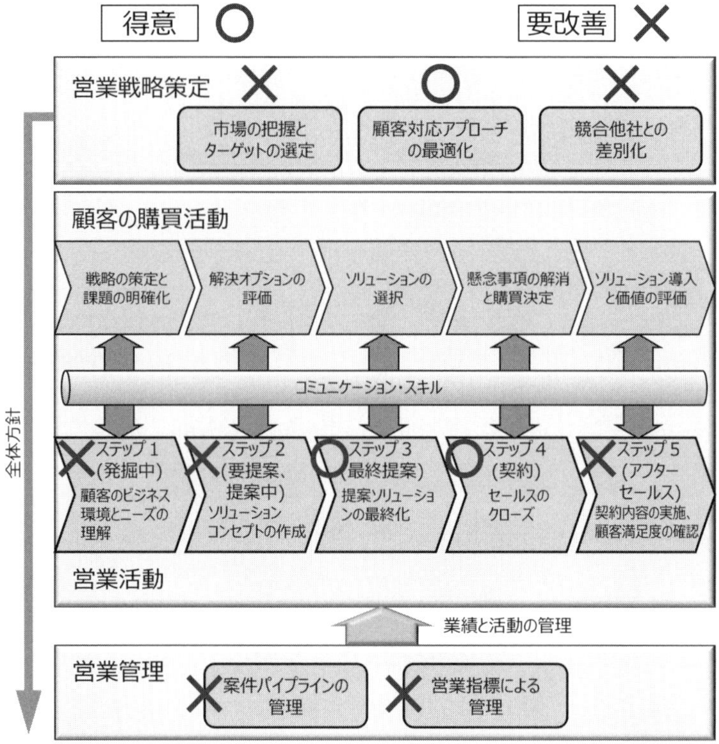

得意 ○　　　　　　要改善 ✕

営業戦略策定 ✕　　○　　✕

| 市場の把握とターゲットの選定 | 顧客対応アプローチの最適化 | 競合他社との差別化 |

顧客の購買活動

| 戦略の策定と課題の明確化 | 解決オプションの評価 | ソリューションの選択 | 懸念事項の解消と購買決定 | ソリューション導入と価値の評価 |

コミュニケーション・スキル

✕ ステップ１（発掘中）顧客のビジネス環境とニーズの理解　✕ ステップ２（要提案、提案中）ソリューションコンセプトの作成　○ ステップ３（最終提案）提案ソリューションの最終化　○ ステップ４（契約）セールスのクローズ　✕ ステップ５（アフターセールス）契約内容の実施、顧客満足度の確認

営業活動

全体方針

業績と活動の管理

営業管理
✕ 案件パイプラインの管理　✕ 営業指標による管理

● メリット２：あなたの営業スキルを幅広く高められる

　もし、あなたが現場の営業パーソンであれば、「自分の仕事は日々売ることであり、営業戦略策定や営業管理などではない」と思われるかもしれません。しかし将来、営業のリーダーやプロフェッショナルを目指すのであれば、全項目について成熟度診断をやってみてください（**図表2.5**）。プロフェッショナルとは、新しいやり方を発見し、それを試してみるなどして、その結果を人に伝えられる人だと考えます。より深い洞察や幅広い視野をもつことにより、日々の営業活動改善のアイデアが湧いて、さらに仕事が面白くなります。

　また、すでにあなたが営業リーダーであっても、全項目にわたって診断をしてみると、いくつか改善のための気づきが得られるはずです。これは、多くの企業で実施してきた結果に基づいて、自信をもって言えます。すべての診断項目で最高レベルにあることはまずありませんし、あなたが現場で行っていた時代とは営業法が変わってきているかもしれません。

● メリット３：営業力に関する議論の交通整理ができる

　営業力というものは、社内の誰でも口を出しやすいテーマであると思いませんか。なぜなら、営業の仕事をしたことがない人でも、職場やプライベートで買い手の経験はあるからです。そのため、ある人は営業パーソンに「根性がない」、「提案力が弱い」と言い、別の人は「営業日報を書く習慣ができていない」と言うなど、話がまったく噛み合わないことは日常茶飯事です。

　このように、営業力は非常に広いトピックをカバーするため、議論がすぐ混乱してしまいます。したがって、今どこの議論をしているのかを一目でわかるようにしてくれる枠組みが必要です。営業力の10の診断項目を議論の枠組みとして共有し、互いにどこの部分を問題にしているのかを確認していけば、議論の交通整理ができます（**図表2.6**）。

図表2.6　営業力の網羅的診断のメリット３

✓ 営業力強化に関する枠組みを提供し、議論の交通整理ができる

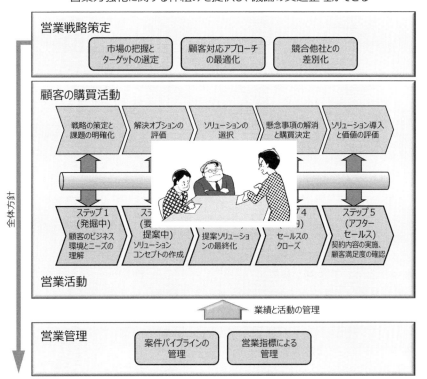

4．営業力成熟度診断の実施は簡単

(1) 営業力も測れなければ、改善できない

　営業スタイルには、御用聞き営業や、提案型営業、顧客との個人的なリレーション作りを重視する営業、一匹狼型あるいは個人商店型営業など、さまざまあります。また、役職レベルや営業経験年数によっても、営業という仕事に対する見方が変わってきます。そのため、自社の営業力を強化するための検討をしようとしても、なかなかうまくいきません。

　そこで、営業力成熟度診断の出番です。デミング博士が残した「測れないものは改善されない」という言葉は、営業のようなソフトな領域でも当てはまると思います。営業という業務の仕方の良し悪しを測るモノサシがあれば、現状のレベルとあるべきレベルとの間にギャップを見出すことができます。そして、ギャップがわかれば問題が明確になります。このように、営業力成熟度診断を使うことで、ある人は問題がある、別の人はそうは思わないといった水掛け論を防ぐことができます。

(2) 3レベルで営業力を定義

　本書では営業力の診断項目の各々に対して、成熟度を3レベルで定義しています。言わば、松・竹・梅や上・中・下です。このモノサシにより、営業力を改善するための課題を明確にできます。

● レベル1：未成熟な状態

　本書では課題解決型の営業法にフォーカスしているので、たとえば、営業経験が長くとも御用聞き営業が中心の場合、レベル1になることもあります。

● レベル2：平均的と思われるレベル

　筆者がこれまで数多くの企業で見聞きしてきた経験に基づいた、普通と思われるレベルです。

● レベル３：先進レベル

　一般の企業ではなかなかここまでは行われておらず、いわゆる有名企業、先進企業で行われているベストプラクティス（お手本とすべきやり方）です。

　ここで重要なのは、その厳密性にこだわるのではなく、この成熟度診断から改善のための気づきが得られるかどうかです。簡易的な診断方法と割り切って活用してください。この成熟度診断は、筆者が営業力強化の支援で実際に使用しているもので、これまでの適用先企業では100％、何らかの気づきが得られ、有用なツールであると評価していただいています。

読むだけではなく、営業力成熟度診断結果を記録してみましょう。**付録１. 営業力に関する成熟度診断結果記入票**を参照してください

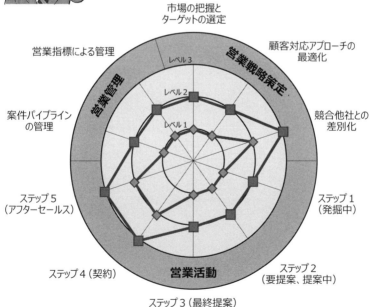

(3) あなたの営業力レベルを測ってみよう

本書を読むだけで成熟度診断を行ってみないのは、健康診断に行ったのに待合室で健康に関するパンフレットを読むだけで、血圧測定などをしないで帰ってくるのと同じです。

できれば全診断項目についてチェックをしてほしいのですが、急いでいる場合はまず、気になっている項目だけの診断でも結構です。後で残りの診断をしてください。また、半年や1年に1度など定期的に行うことで、定期健康診断のように営業力の変化をチェックするのにも活用できます。

診断の受け方は簡単です。**図表2.7**を参照してください。まず、診断しようとしている項目に関する3レベルの成熟度の定義を読んで、あなたの現状がどのレベルかを選択してください。もし、ぴったりと合うレベルがない場合は、現状に一番近いと思われるレベルを選択してください。

健康診断では、その結果で体の状態がわかります。たとえば、γGTP値が高い結果であれば、肝硬変や肝臓ガンのリスクがあるということです。でも、それだけではなく、どうすれば病気の予防や治療ができるのかも知りたいところです。それと同じで、本書では現状の営業力のレベルがわかるだけではなく、レベルアップするためには何をすればよいのかといった処方箋も提供します。

すなわち、現在のレベルが1の場合は、レベル2になるための方法を、現在のレベルが2の場合は、レベル3になるための方法の説明を読んで、自身に合った実行計画を作成してください。

営業力の課題は、個人や組織ごとに千差万別です。診断項目のそれぞれについて、現状とあるべき姿との営業力レベルのギャップを明確にすることで、自身や自社組織にぴったりと合った課題と改善の方向性を知ることができます。

図表2.7　成熟度診断の受け方

① 自身の現状に一番近いと思う状態を選択

【 営業力の診断項目 X 】

レベル3の状態の説明

レベル2の状態の説明と、この状態にいる原因およびこの状態にいることの問題点

レベル1の状態の説明と、この状態にいる原因およびこの状態にいることの問題点

② 現状をレベルアップする方法の説明を読む

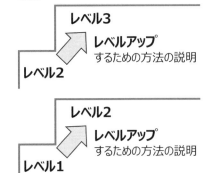

レベル3
レベルアップするための方法の説明
レベル2

レベル2
レベルアップするための方法の説明
レベル1

③ 自身に合った実行計画を作る

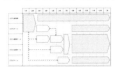

最初に何をいつまでにするのか
それが済んだら次に何をいつまでにするのか

第 2 章のまとめ

ポイント

◆ 営業力はさまざまな要素がある複雑なテーマなので、各要素に分け、それぞれを強化するための検討が必要である

◆ 営業力の検討にあたっては、一部の要素のつまみ食い的診断をするのではなく、すべての要素を診断して抜け漏れをなくすのが効果的である

◆ 本書は独自に開発した営業力の成熟度診断を用いており、営業力を3つのカテゴリーに分け、それをさらに10の構成要素（診断項目）に分けている

◆ 各構成要素に対し3レベルの成熟度が定義されており、それに基づいて現在の営業力のレベルと、あるべき営業力のレベルを明確にすることができる

◆ 営業力診断の結果、現状のレベルをアップするための処方箋も提供しており、それを見て読者は自身に合った実行計画を作成することができる

チェックリスト

☐ 営業力の改善にあたっては、気になっているところにすぐに飛びつくのではなく、網羅的にチェックし、何が重要な課題かをしっかり見極めるようにしている

☐ 組織として営業力の課題を検討し、営業チーム全体の底上げをしようとしている

☐ 日々の営業活動についてだけではなく、営業戦略策定や営業管理方法についても幅広く改善することを心がけている

☐ 現状の営業力を客観的に判断し、本来あるべき営業力とのギャップを明らかにすることに取り組んでいる

3

課題解決型営業のためにコミュニケーション力を磨く

「次の6つの心得を守れば、礼儀正しさの習慣を身につけることができる。

1. 相手の話には熱心に耳を傾ける
2. 相手の話に口をはさまない
3. 初対面の人の名前はすぐ覚えて、できるだけ使う
4. もし相手の言い分が間違っていても、そっけなくやりこめるのは良くない
5. 自分のほうが偉いといった態度を見せない
6. 自分の考えが間違っていれば、素直にあやまる」

——デール・カーネギー
作家・実業家

1. コミュニケーション力は対面型営業のライフライン

　非対面型営業、すなわちネットショップやテレセールスなど、顧客に直接会わずに販売する方法がますます一般的になってきました。こうした中、顧客と直接面談して営業を進める対面型営業パーソンの存在価値をもっと上げるには、どうしたらよいでしょうか。

　それは、課題解決型営業のような比較的複雑かつ案件の規模が大きい商談を勝ち取ることです。このような案件では顧客との対話の中で、言語表現だけではなく表情や視線、話し方などから、言葉に表れない非言語情報をも拾うコミュニケーションスキルが大切になります。デジタル化、機械化が進み便利になればなるほど、おもてなしの心の大切さが見直されるようになってきていますが、それと相通じるものがあります。

　対面型営業パーソンの営業活動を通じて基本となるのは、コミュニケーションスキルです（**図表3.1**）。それだからこそ、営業業務スキルの成熟度診断に入る前に、本章でコミュニケーション力を取り上げ、そのスキルを高める方法を説明します。

　「課題解決営業法」というと聞こえが良いですが、顧客から課題を聞き出すことは簡単ではありません。ましてや、顧客が意識していない課題に自ら気づいてもらうようにすることは、特に難しいです。初対面の人、それも社外の人に、すぐに悩みや不安を語る人はいないでしょう。

　右の**図表3.2**を見てください。あなたが顧客だとして、自身の困りごとを相談し、一緒に仕事をしたいと思う営業パーソンは、Aさん、Bさんのどちらでしょうか。

　当然、Aさんですね。専門知識やテクニックは豊富にもっていても、残念なことに顧客との信頼関係を築けないため、顧客の課題発見や確認が充分にできない営業パーソンは多くいます。営業パーソンにはさまざまなスキルが求められます。商品知識や業界知識などの専門分野固有スキル、さらに営業職としての共通スキル、たとえば経営分析スキルや論理的思考力、プレゼンテーションスキル、ネゴシエーションスキルなどです。

第3章　課題解決型営業のためにコミュニケーション力を磨く

図表3.1　全営業ステップを通じて、コミュニケーションスキルが大事

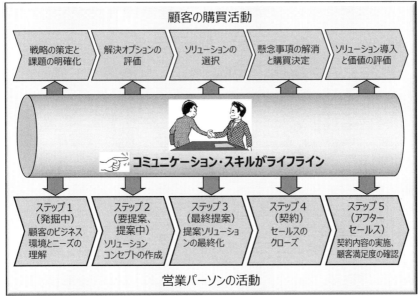

図表3.2　営業パーソンの比較表

営業パーソンＡ	営業パーソンＢ
服装やみだしなみに清潔感がある	服装がだらしなく、みだしなみもきちんとしていない
はっきりと話して、声のとおりがよい	ぼそぼそと話して、聞き取りにくい
表情が豊かで、笑顔やアイコンタクトが多い	表情がほとんど変わらず、視線をあまり合わせない
顧客の役に立ちたいという気持ちが態度に表れている	決められたセールストークをするのに一生懸命である
聞き手のレベルに合わせて、わかりやすく話している	業界や専門の用語、また難解な言葉を多く使う
信頼できる感じがして、安心感がある	落ち着きがなく、なんとなく自信なさげである

図表3.3　第一印象に与える要因

　これらに増して重要なスキルが、コミュニケーションスキルです。これなくしては、そもそも顧客と信頼関係を築けず、商談を深めることができません。

　図表3.3を見てください。米国の心理学者・メラビアンが、他人からどちらとも受け取れるメッセージを受けとったときに、人は何から影響を多く受けるのかを実験によって分析した結果です。言語情報よりも、声の調子や身体言語といった非言語の要素に9割以上の重みがあることを示しています。

　顧客との初訪面談においては、商材を売るためのトークをしたいという欲求は抑え、顧客が話しやすいと感じられるような雰囲気を醸し出すことに集中することが重要です。

　「私は営業職で人と話すのが好きだから、コミュニケーションスキルがあるのは当然だ」と思う人も、本章でしっかりと自分の力を確認することをお勧めします。簡単そうに思えることと実際にできることとはまったく別次元のことで、コミュニケーションスキルを磨くことはすべての営業パーソンにとって永遠のテーマだと思います。

2．顧客の時間を大切にする

　顧客とコミュニケーションするにあたって肝に銘じるべきは、相手の時間を大切にすることです。意外に自分の商品を説明することに夢中になり、それを忘れてしまう人が少なくありません。特に課題解決型営業においては、この注意が重要です。なぜなら、この営業をするにあたってのコンタクトポイントは、問題意識や改善の熱意をもっている人たちで、主に管理職や経営層だからです。彼らは時間に対して非常にシビアです。

ある調査によれば、管理職は50〜90％の時間をコミュニケーションに費やしているそうです。役員会や部門の定例会議、上司への報告や相談、プロジェクトの進捗レビュー、顧客との打ち合わせ、問題のための緊急ミーティングなどです。最近はプレイヤー業務を兼務している役職者も増えてきており、さらに残業時間の削減が進む中、ますます時間が貴重になってきています。

そういったとき、営業パーソンと会ってみた結果、「どうしてもと言うので会ってみたが、興味のない話を聞かされた」、「メールで知らせてくれればよいような話だった」などと顧客が不満に思ったり腹を立てたりしてしまうと、その営業パーソンの印象は悪くなってしまいます。

顧客の一番重要な資源、すなわち時間を大切にするために、私は顧客のミーティングに関する権利を折に触れて思い出すようにしています。これは私の先輩から教えてもらったことを、さらに自分流にアレンジしたものです。

【ミーティングに関する顧客の3つの権利】

① 出席目的に関する権利

・なぜ話を聞くべきなのかが理解できる

・聞いてどうなるのかがわかる

・話を聞いた後、何をしたらよいのかがわかる

② ミーティング内容についての権利

・わかりやすく説明するよう要求できる

・内容について質問できる

・興味をもてなければ離席できる

③ スケジュールに関する権利

・事前に予定がわかる

・自分が考える時間をもてる

・予定どおりにミーティングが始まり、終わる

顧客の時間に対する気遣いがもてれば、「今よろしいでしょうか」とか、「今日は14時までお時間をいただいていますが、後ろはギリギリまでで大丈夫ですか」といった言葉が自然に出て、こちらが顧客の時間を尊重していることを伝えることができるようになります。

また、顧客と面談する場合、毎回「このミーティングで顧客に提供できる価値は何だろうか」ということをしっかりと考えて準備していく必要があります。ソリューション提案も提供できる１つの価値ですが、いまだ提案に到らない場合は、他社事例や先進技術の説明など、顧客に少しでも「聞いて得した」と思ってもらえるような、お土産情報を持参するなど工夫しましょう。

　課題解決型営業では、契約に到るまで何回も顧客訪問が必要になることがほとんどです。顧客との面談で、毎回何らかの付加価値を提供しながら、次の訪問につなげていくことを心がける必要があります。

3．傾聴スキルを磨く

(1)　営業トークの前に、まずは顧客と良い関係を築く

　先にも述べたように、自分の商材を提案したいという気持ちが前面に出て初めから売り込みモードに入ると、顧客はろくに聞いてくれませんし、下手をするとこの営業パーソンには二度と会いたくないとさえ思います。

　また、課題解決型営業をするのだと張り切って、いきなり「貴社の課題を教えていただけますか」と顧客に質問したらどうでしょう。「別にないよ」などと、まともに答えてもらえないのがオチでしょう。

　最初は顧客の言葉への傾聴に努め、親密な関係（ラポール）を作ることに集中します。そのような関係を築くことができると、じっくりと顧客の困りごとやニーズが聞けるようになり、商談の糸口を見つけやすくなります。そうなると、時にはこちらが想定していたよりも大きな案件を発掘できたり、顧客の気づいていない課題やソリューションを提言できたりします。

　コミュニケーション力はあると自信をもっている人でも意外とできていないのが、この関係構築スキルです。私は自分のセミナーで、顧客に対する初回訪問のロールプレイングをし、その様子を動画に撮って受講生と一緒に見てみることがあります。そうすると、「私ってこんな感じなのですか」とショックを受ける受講生が少なくありません。

　面談中、ずっと猫背になっている。笑顔を作ろうとしているが、緊張のためか目つきが怖い。あいづちが「え～、え～」ばかりで単調なために、顧客からすると真剣に聴いてもらっている感じがしない、など傾聴のための改善点がたくさん出てきます。本人はもちろん一生懸命なのですが、知識があることと実践できることの間には大きなギャップがあります。

(2) 傾聴により、顧客との関係構築力を上げる方法

　私自身、人と話すことは好きですし、プレゼンテーションも人並み以上にできるという自負はあったのですが、課題解決型営業のスキルを向上させるためには、もっと人と信頼関係を築く力や、言葉や文字に直接表現されていない情報を読み取る力を高める必要があるという意識がありました。そのため、キャリアカウンセラーになるための勉強をし、資格を取得しました。

　特に傾聴の練習をしたおかげで、初対面の経営者や管理者と良い関係を築けやすくなり、より深い話が聴けるようになりました。ここで、傾聴力を向上させるためのポイントをお伝えしたいと思います。

　傾聴とは、相手を肯定的に捉え、好意的関心をベースに相手の話を注意深く聴くことです。好意的関心というのは、異性を好きになるような感情のことではなく、相手を大切に思って肯定的に捉えることです。聴くといっても、ただひたすら聴くだけではなく、適切な質問もしながら相手をよく理解することに努めます。

　自分を受け入れ、共感しながら聴いてくれる相手がいると、話し手は非常に気持ち良く話せます。あなたも、そう感じたことがあるのではないでしょうか。また話し手は、自分の経験や価値観、考え方を、話しながらより深く見つめることができるようになります。そのため、普段なら話さないような困りごとや欲求、出来事などを聴き手に話すようになります。

　傾聴力を３つの要素に分解すると、基本中の基本が、「基本的態度」、「それをベースにした関係構築力」、さらにそれに基づいた「質問力」となります（**図表3.4**）。

図表3.4　傾聴力の３つの要素

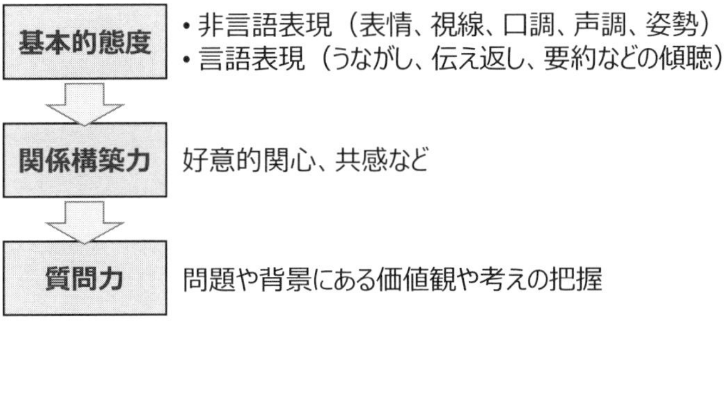

基本的態度	・非言語表現（表情、視線、口調、声調、姿勢） ・言語表現（うながし、伝え返し、要約などの傾聴）
関係構築力	好意的関心、共感など
質問力	問題や背景にある価値観や考えの把握

それでは、各要素のポイントを説明し、スキルアップのためのチェックリストを紹介します。

(1) 基本的態度を確認してみよう

基本的態度は、非言語表現（表情、視線、口調、声調、姿勢）と言語表現（うながし、伝え返し、要約などの傾聴）の2つに分けることができます。

① 非言語表現

非言語表現は、話の内容というより、人の外見やしぐさ、表情に関するものです。**図表3.3**のメラビアンの法則で見たように、声のトーンや大きさ、体の姿勢や視線といった要素が、相手へのメッセージに大きな影響を与えます。

第一印象は、最初の数秒の非言語表現で決まることが多く、しかもその後の印象に長く影響を与えるという話は、皆さんもご存知だと思います。たとえば、一度与えてしまった印象を変えるのに苦労したことはありませんか。悪い印象を相手がもってしまうと、相手はずっとその印象をもって接します。逆に、相手が良い第一印象をもつと、たとえこちらの話の中身がそれほどではなくとも、「今日は調子が悪いのかな」などと思ってくれることすらあります。したがって、初めての訪問の際に良い印象を顧客に与えることは、非常に大切です。

このように重要な非言語表現力ですが、下のチェックリストであなたはどうか、確認してみてください。

- [ ] 身だしなみ（服装　髪、顔、手の爪、靴、服装など）は清潔感があるか
- [ ] 視線を合わせる頻度や向きは適切か
- [ ] 姿勢は良いか（ふんぞりかえっていないか、背中が丸まっていないか）
- [ ] 声の調子（トーン、大きさ）や、話すスピードは適切か
- [ ] 表情は怖くないか、不安そうではないか、仏頂面ではないか
- [ ] あなたの緊張が相手にも伝染して、顧客が話しにくくなっていないか

② 言語表現

言語表現がうまくできると、こちらが相手の話をしっかりと聴いている印象を与え、相手が話しやすくなる効果があります。言語表現には、うながしや伝え返し、要約などがあります。

うながしは、「ええ」、「はい」、「そうなんですね」、「それで」などの言葉を使い、相手が話をするのを励まします。たとえば、「ええ」、「ええ」と、ずっと同じうながしの言葉ばかり使っていると、単調な感じになってしまいます。そのため、複数のうながしの言葉を使い分けて変化を付けるようにするとよい

でしょう。
　伝え返しは、相手の話の中のキーワードや、最後の発言の中から大切と思われる言葉を取り出して、簡単に繰り返す方法です。たとえば、次のとおりです。

　顧客：「このプロジェクトは、我が社のこれからの命運を分けるものです」
　営業：「命運……」
　顧客：「そうです。そのため、社内の精鋭を集めています」

　このように、相手の話の中のキーワード（この場合、「命運」）を気持ちを込めて繰り返すことで、共感をもって聴いていることを印象づけることができます。ただし、長いセンテンスで伝え返すと会話のテンポを悪くする恐れがあるので、この例のように単語レベルで短く伝え返すとよいでしょう。
　また、次の例のように話し相手が自分をどのように見ているのか、その人の価値観を示すような言葉をしっかりと拾うことが、共感力を高めるうえで大切です。

　顧客：「そのプロジェクトのリーダーとして、私に白羽の矢が立ってね」
　営業：「白羽の矢！　すごいですね。おめでとうございます。このプロジェクトへの参加を希望されていたのですか？」

　この例では、「白羽の矢」という言葉がキーワードです。この言葉で、話し手がプロジェクトは非常に重要なものであり、その栄えあるリーダーに自分が抜擢されたと捉えていることをうかがい知ることができます。このような言葉に対する感受性をもてるかどうかが、傾聴力の差になります。プロジェクトの内容については後からいくらでも聞けるので、最初はプロジェクトとリーダーの役割が話し手にとってどういう意味があるのかを尋ね、その価値観や考え方を詳しく聴くチャンスを活かします。
　要約は、相手の考えや感情を短く正確にまとめることです。たとえば、「では、ここで少しお話を整理させていただいてもよろしいですか」と断ってから要約

すると効果的です。要約はさまざまな場面で使える便利なテクニックです。相手の話が長くとりとめがなく混乱してきたとき、要約を入れることで整理することができます。会話に気まずい沈黙が訪れた場合も、要約で乗り越えやすくなります。

あなたの言語表現力はどうか、以下のチェックリストで確認してください。

☐ 適度なあいづちをして、相手が話をするのを励ますことができる

☐ 伝え返し（相手の話の中からキーワードを拾って、それを話し手に伝えること）をして、相手の話をしっかりと聴いているという印象を与えることができている

☐ 相手の先回りをして言いたいことを言い当てようとしたり、不意に話題を変えたりするなど、相手がスムーズに話すのを妨げることがないようにしている

☐ 顧客が繰り返して使う言葉や、こだわりをもっていそうな言葉を逃さず捉え、相手の価値観や考え方を察知することができる

(2) 関係構築力を確認してみよう

顧客から見て、この人は信頼できそうだと感じられ、安心して話せると思ってもらえる力のことです。大事なことは、顧客に対して好意的関心をもち、その役に立ちたいという思いを伝わるようにすることができる力です。

ところが、営業パーソンの中には、相手企業のホームページすら見ずに顧客と面談をする人がいます。営業本部が作成した営業マニュアルに基づいて、会社紹介と商品の説明さえすればよいと思っているようで、顧客からの問い合わせ対応や御用聞きが主な営業活動の企業において、それを多く見かけます。

好意的関心があれば、面談の前に相手の仕事内容や会社について、できるだけ調べようとするはずです。そうすると、相手やその会社に興味をもつようになり、「この顧客の課題は調べたことと関係があるのか」、あるいは「この話の背景はどういうことなのだろうか」などと思えるようになり、顧客の困りごとやニーズを、我がことのように感じられるようになってきます。

すなわち、好意的関心をきっかけとして当事者意識が芽生えるのです。この当事者意識が、顧客の課題をよく理解したり、顧客もまだよく意識していない課題に対する気づきを提供したりする原動力になります。

また、自分では顧客に対して好意的関心をもっていると思っていることと、それが相手に伝わることとは別です。「この商品の説明をしなければ」、「誰が購買のキーパーソンかを聞き出さなければ」などと自分のことで頭が一杯になると、こちらの好意的関心は相手に伝わりません。

下の関係構築力のチェックリストで、ご自身の現状はどうか、確認してみてください。

- ☐ 訪問の前に、顧客の会社や事業について、相手のホームページやインターネット検索などでチェックし、最新の情報を仕入れるようにしている
- ☐ 顧客のプロフィール（役職、業務、組織内の力関係、学歴、家族構成、趣味など）を知るための努力をしている
- ☐ 顧客に好意的関心をもつだけではなく、それを相手に認識してもらっている
- ☐ 顧客から信頼を得て、その本音を聴ける関係ができている
- ☐ 顧客に共感し、その困りごとを自分の困りごとのように思うことができる

(3) 質問力を確認してみよう

基本的態度、関係構築力をベースにした質問力は非常に強力であり、身につけることができれば、営業力がグンとアップします。質問力が上がると、次の5つの効果が期待できます。

● 効果1：信頼関係（ラポール）を形成できる

相手が話したがる事柄、自慢できることや苦労したことなどについて質問することで、相手との距離を縮めることができます。たとえば、「〇〇さんは△△に関して社内でナンバーワンとのことですが、どうやってそのスキルを身につけられたのですか」といった質問です。

● 効果2：情報収集ができる

これは質問の基本的機能です。たとえば、「〇〇について改善されたいとのことですが、現状ではどのように行っていますか」といった、いわゆる5W1H（When、Where、Who、What、Why、How）の質問をすることで、問題の状況や原因などを聞くことができます。

● 効果3：確認ができる

話が込み入ってきたり、あいまいな感じがしたりする場合、「〇〇が△△の役に立つということですね」や「ここまでのお話を要約しますと、□□という理解でよろしいでしょうか」といった質問をすることで、確認できます。

● 効果４：会話に新しい局面を拓くことができる

顧客の「うちの会社は売上が年々低下しているのだよ」などというネガティブな話をただひたすら拝聴しているだけでは、「そうなのですね、大変ですね」だけで終わってしまいます。

このような場合、新しい局面を拓くような質問をする力が必要です。たとえば、「本来はどうあるべきだとお考えですか」や「３年後にはどうなっていてほしいですか」といった質問を行って、より効果的な面談にすることができます。

● 効果５：顧客に影響を与えられる

顧客の困りごとに対して踏み込んだ質問をすることで、商談に結び付くような会話に進むことができます。たとえば、「その問題の原因は、○○であるという可能性についてはいかがでしょうか」といった質問です。質問の形式をとることで、こちらの意見で決めつけない姿勢を維持しながら、会話の流れに影響を与えることができます。

以上のように、質問は非常に便利なツールですので、あなたの質問力を下のチェックリストで確認してみてください。

- [ ] 質問をすることに遠慮がなく、顧客が聞いてほしいところを聞けている
- [ ] 興味本位や自分の都合の良い方向に誘導しようとしていると取られかねない質問は控えることができる
- [ ] 顧客の言葉を使ってわかりやすく質問をしている
- [ ] こういうことだろうと勝手に推測（妄想）して、質問することをサボるようなことはしない
- [ ] ネガティブな話ばかり続く場合、新しい局面を拓くような質問をして有意義な会話に変えることができる
- [ ] 質問の形を借りて顧客に押し付けをすることなく、会話の方向性に影響を与えることができる

ここまで、基本的態度や関係構築力、質問力を駆使して、第一印象を良くし、顧客との信頼関係を築くための方法を説明しました。この基本的なコミュニケーション力は、課題解決型営業において非常に大切です。また、誰にとってもこのスキルの強化は永遠のテーマだと思いますので、これからも改善の努力を続けてください。

第3章　課題解決型営業のためにコミュニケーション力を磨く

コラム：人脈力

営業パーソンであれば、誰でも「人脈は重要」と言うでしょう。人脈が豊富であれば、見込み客を見つけやすく、営業に有益な情報もたくさん仕入れられます。人脈にもさまざまなものがあることを理解すると、さらに効果的に利用できるようになります。

たとえば、見込み客を集めるための人脈と、課題を感じてもらい購買意欲を喚起するための人脈は違います。また、社内での人脈作りも大切です。ソリューション提案は営業パーソンだけでは作れず、開発部門や技術サポート部門などの相談に乗ってくれる社内人脈が必要となってきます。人脈はタダでは維持できません。コミュニケーションをとる時間を作ったり、ギブ・アンド・テイクをしたりすることも必要です。

最近は、フェイスブック（Facebook）やブログなど、人脈作りに効果的なツールが簡単に使えるようになっています。「フェイスブックを使ってみたら、思わぬ人が自分の『友だちの友だち』であることがわかった」、「ブログをやっていたら、意外な人からコメントをもらった」という経験をおもちの方も多いかと思います。

ただ、このようなツールは有用な反面、付随する危険もあります。たとえば、酒におぼれたエピソードや、人によっては下品と思われかねない行状を書いて公開した結果、「こんな人とは付き合えない」とビジネスパートナーに思われてしまった人がいます。また、ブログの読者数を増やしたいと、会社の情報漏えいスレスレのことを書いたり、思わずライバル企業の悪口を書いてしまったりした結果、それが自分の会社の目に留まって処分を受けた人もいます。

さらに、SNSの影響力の強さから、自身の問題の枠を超えて、勤めている会社全体に影響を及ぼす恐れもあります。社員一個人としての見解をブログに載せたところ、会社の意見表明と受け取られ、会社が非難を受けてしまった例もありました。リスクにも気をつけながら、うまく活用したいものです。

第3章のまとめ

ポイント

◆ 課題解決型の営業を行うには、顧客との信頼関係を構築し、言葉に直接表されない情報を拾える、高いコミュニケーションスキルが必須

◆ 顧客の時間を尊重し、その面談では何らかの価値を提供することを心がける

◆ 第一印象が非常に大切であるため、表情や姿勢、視線、話し方などを決しておろそかにしない

◆ 傾聴をするには、「基本的態度（非言語表現と言語表現）」と「関係構築力」、「質問力」が必要

◆ 関係構築力を高める秘訣は、顧客に対して好意的関心をもち、その困りごとやニーズを、我がことのように感じられるようになること

チェックリスト

☐ いきなり商談に入るのではなく、親密な関係（ラポール）を形成するようにしている

☐ 一生懸命に聴こうという真摯な姿勢が、態度や言葉使いに表れるように心がけている

☐ 笑顔ばかりではかえって不快感を相手に与えることもあるので、顧客の話の内容に合わせて表情を変えることができる

☐ 相づちやうなずきが単調にならないように適宜変えながら、顧客の話を聴くことができる

☐ 顧客の真の気持ちを示唆する言葉やしぐさを敏感にキャッチすることができる

4

営業プロセスの
標準化
ツールを
活用する

「びっくりするような好プレイが、勝ちに結び付くことは少ないです。確実にこなさないといけないプレイを確実にこなせるチームは強いと思います」

──イチロー
メジャーリーガー

1．営業プロセスを5ステップに分ける必要性

本書の成熟度診断では、**図表4.1**のように営業活動を5つのステップに分けています。次章からそれぞれのステップにおける、あなたの成熟度を診断します。その前に、営業プロセスを5つのステップに分けるメリットについて説明します。

また、本書では各営業ステップを効果的に実施するための営業ツールも紹介しますが、この章でそれらの概要も説明します。

図表4.1　第4章のトピック

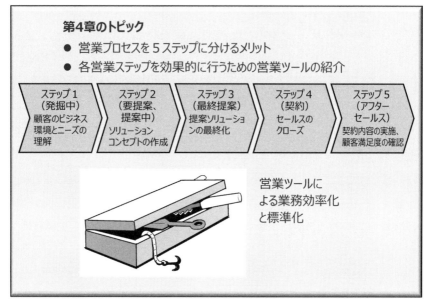

(1) 課題解決型営業では、営業プロセスを意識することが大切

「今や製品はどこも同じです。競争相手に勝つには価格を見直さなければダメです」という話が営業部の会議でよく出ます。コモディティ化が進んでいる今、一理ある意見のようにも聞こえますが、本当にそうなのでしょうか。

次のリストは、顧客がベンダー提案を不採用にした理由を調査した結果で、数の少ないものから多いものへと順に並べたものです。

第4章　営業プロセスの標準化ツールを活用する

少　**第5位**：提案内容はどこも同じで、値段で選んだ
↑
不　**第4位**：そのベンダーからは誰も売り込みに来なかった
採
用　**第3位**：彼らのこちらに対する売り込みの仕方が好きで
の　　　　　　はなかった
理
由　**第2位**：他のベンダーのほうが、我々が必要としている
↓　　　　　　ものを提供してくれるように思えた

多　**第1位**：我々のビジネス課題に対するソリューションを
　　　　　　提案しなかった

　この調査では、提案価格よりも、顧客の困りごとやニーズをしっかりと把握しなかったために適切な解決策を提案できなかったことが、ベンダー提案を採用しなかった理由としてもっとも多い結果となっています。

　これは、課題やソリューションが比較的複雑な案件の調査結果です。顧客自身が課題もその解決方法も知っている場合、価格での競争が中心になってしまいがちです。そのような案件では、ネットショップやテレセールスといった簡便な営業チャネルが使われるようになってきています。

　これまでも繰り返し述べてきましたが、対面型営業パーソンの付加価値を出せる場は、安くてシンプルな案件よりも、課題やソリューションを顧客と一緒になって考えていくような課題解決型の比較的複雑な案件です。たとえば、顧客の経営革新や業務改革に関連するような案件です。大きなサイズの商談が期待できるため、営業パーソンにとっては魅力的でもあります。時代の流れとしては、対面型営業パーソンにとって、顧客の課題の発見・確認にフォーカスする課題解決型営業法がますます重要になってきています。

　このような案件では、何回も顧客と面談をする必要があり、ロジカルに顧客内の関係者を説得していくための作戦が必要です。すなわち、営業プロセスを明確にし、それをしっかりと実行することが重要になります。

(2) 営業ステップを順に踏んで、契約までの壁を乗り越える

　私がまだ若い営業パーソンだった頃は、「ドブ板営業」という言葉がありました。昔、街中でも裏道などには、排水溝（ドブ）をふさぐために乗せられた木の板がありました。そういう所にまで入り込むくらいに、足を棒にして営業に回るスタイルのことです。また、現在でも「夜討ち朝駆け」のような営業スタイルが推奨され、契約をもらうまではとにかく顧客に食らいつくような根性と体力がもてはやされることもあります。

しかしながら、情報化の急激な進展や顧客の課題の複雑化により、営業パーソンに求められるものは変わってきました。精神論よりも、営業の各局面で何を準備し、どうコミュニケーションをとれば顧客と自社にとって Win-Win の契約を結ぶことができるのか、という方法論を身につけることがもっとも重要であると私は信じています。具体的には、営業プロセスをいくつかのステップに分け、それをきちんと踏んでいくことにより、成功の確度を高めることです（**図表4.2**）。

図表4.2　壁を順に越えていけば、成功の確度を高められる

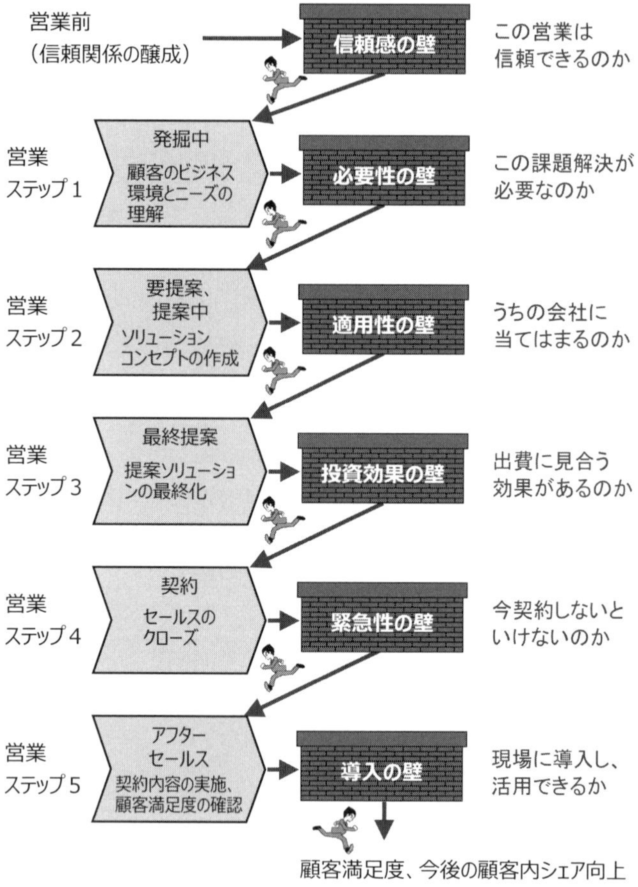

営業前 （信頼関係の醸成）		**信頼感の壁**	この営業は 信頼できるのか
営業 ステップ1	発掘中 顧客のビジネス 環境とニーズの 理解	**必要性の壁**	この課題解決が 必要なのか
営業 ステップ2	要提案、 提案中 ソリューション コンセプトの作成	**適用性の壁**	うちの会社に 当てはまるのか
営業 ステップ3	最終提案 提案ソリューショ ンの最終化	**投資効果の壁**	出費に見合う 効果があるのか
営業 ステップ4	契約 セールスの クローズ	**緊急性の壁**	今契約しないと いけないのか
営業 ステップ5	アフター セールス 契約内容の実施、 顧客満足度の確認	**導入の壁**	現場に導入し、 活用できるか

顧客満足度、今後の顧客内シェア向上

各営業ステップには、乗り越えなければならない壁が次のようにあります。

● **商談前：信頼感の壁**

営業をするにあたって最初に大事なことは、信頼感の壁をクリアすることです。顧客に「この人と商談をしてもよいかな」と思ってもらわなければ始まりません。顧客が「この人は信用できなさそうだ」、「いけすかない感じの人だ」と思ってしまうと、もはやまともに話す気にもなってもらえません。ここをおろそかにして営業を強引に進めて

も、どこかで行き詰まってしまいます。そのため、第3章でコミュニケーションスキルを高め、信頼関係を築く方法を説明しました。

● **営業ステップ1：必要性の壁**

解決しないといけない課題が存在することに顧客が合意しなければ、課題解決提案には進めません。これが「必要性の壁」です。したがって、このステップでは、顧客のビジネス状況を理解し、何が課題かを顧客と確認します。

一見、当たり前の話のようですが、実際に課題を明確にすることはそれほど簡単ではありません。たとえば、最初に顧客から聞いた課題が、後になってみると真の課題ではなかったということが頻繁にあります。ある輸送業界の顧客の例ですが、この企業では当初、現場から収集した保守点検情報を分析して、事故を減らすための業務システムの構築が必要とのことでした。ところがよく調べてみると、現場が故障や人為的ミスの事象を報告すると管理部門からの締めつけが厳しくなるため、そもそもきちんと報告をしていないことが大きな課題となっており、最初に聞いた課題の優先度は低いことが判明しました。

また、「茹でガエル症候群」に陥っている企業もあります。茹でガエル症候群とは、カエルを水の入った容器に入れて常温から徐々に加熱しても、カエルは逃げ出さず、茹で上がって死ぬまで気がつかないという迷信（実際は、カエルは温度が上がるほど激しく逃げようとする実験結果が出ている）から、課題を直視せず対応を先延ばしにすることで、後で大変な事態になってしまうことを指します。このような顧客は課題があるのにもかかわらず、なかなかそれを認めない傾向にあります。

● **営業ステップ2：適用性の壁**

このステップでは、課題の解決法の方向性について顧客と合意を目指します。その解決法は、身の丈に合う実現可能なものと顧客に思ってもらえるもの

でなければなりません。これが適用性の壁です。いくら立派な解決法を提案しても、それが顧客の予算やスキル、あるいは時間的な制約をはるかに超えたものでは、当然受け入れてもらえません。

● 営業ステップ3：投資効果の壁

このステップにおいて、ソリューション提案を詳細化するとともに、価格や納期などを最終化します。ここでの大きな壁は、投資効果の壁です。投資額に対してどれだけの効果が期待できるのかを説明し、顧客キーマンに納得してもらうことで壁を乗り越えます。

● 営業ステップ4：緊急性の壁

商談が順調に進んで、営業ステップ3の段階では最終提案を支持していたのにもかかわらず、営業ステップ4になって急に「今契約しないといけないのか」と顧客の腰が引けてしまうことはよくあります。これが緊急性の壁です。たとえば、購買の最終意思決定の責任への不安感が増し、「来年、再度検討してもよいのではないか」と契約を先延ばしにしたくなるなど、理由はさまざまです。

● 営業ステップ5：導入の壁

最後のステップは、契約締結後の活動です。契約をもらうと、もうその顧客には目を向けず、別の案件に注力し始める営業パーソンがいます。しかし、顧客にとっては契約の後が本番で、購入したソリューションをしっかりと活用して結果を出さねばなりません。

営業パーソンは、顧客が導入の壁を乗り越える支援をし、最終的に顧客満足度を確認する必要があります。そうすることで顧客からの信頼を深め、今後この顧客内シェアを高める地歩を固めることができます。

以上のように、壁を順に乗り越えながら、各ステップを段階的に踏んで営業活動を進めることで、契約獲得の確度を高めることができます。また、このように営業プロセスを標準化することで、自分の営業活動がどこまで進んだのかを客観的に知ることができます。

ここで注意することは、1回の顧客訪問で1つの営業ステップだけを行おうというわけではなく、状況に応じて複数の営業ステップをまとめて行うことも可能であるという点です。ただし、営業ステップはあくまでステップ1から順番に進める必要があり、営業ステップ1の後、ステップ2を飛ばしてステップ3に進んだり、いきなり営業ステップ3から始めたりしてはいけません。

(3) 各営業ステップの完了基準

　営業ステップを順に踏んで、案件のクローズに向けて営業活動を前進させていくわけですが、何をもってそれぞれの営業ステップが終わったと言えるのでしょうか。

　図表4.3は各営業ステップで、どのようなアウトプットを出せばそのステップは完了し、次のステップに進めるのかについて概略を示しています。詳細は、次章以降の各営業ステップの説明で述べます。

図表4.3　各営業ステップでのアウトプット

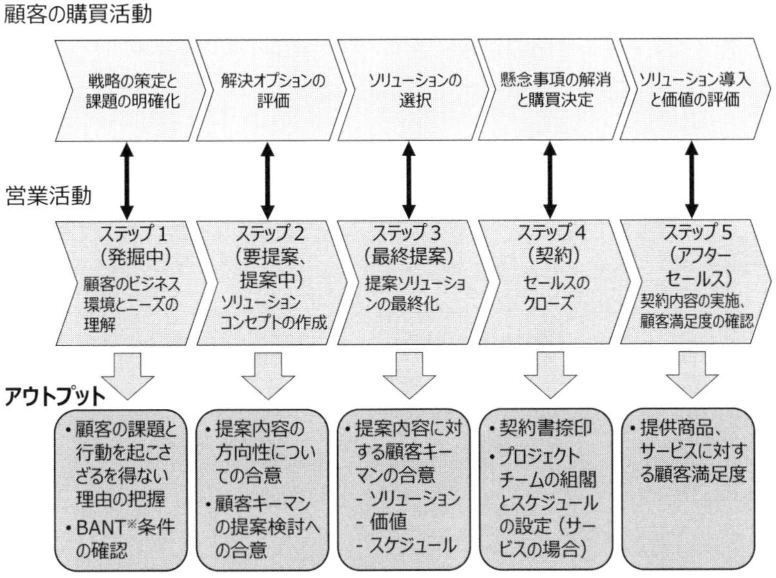

顧客の購買活動

戦略の策定と課題の明確化	解決オプションの評価	ソリューションの選択	懸念事項の解消と購買決定	ソリューション導入と価値の評価

営業活動

ステップ 1（発掘中）顧客のビジネス環境とニーズの理解	ステップ 2（要提案、提案中）ソリューションコンセプトの作成	ステップ 3（最終提案）提案ソリューションの最終化	ステップ 4（契約）セールスのクローズ	ステップ 5（アフターセールス）契約内容の実施、顧客満足度の確認

アウトプット

・顧客の課題と行動を起こさざるを得ない理由の把握・BANT※条件の確認	・提案内容の方向性についての合意・顧客キーマンの提案検討への合意	・提案内容に対する顧客キーマンの合意- ソリューション- 価値- スケジュール	・契約書捺印・プロジェクトチームの組閣とスケジュールの設定（サービスの場合）	・提供商品、サービスに対する顧客満足度

※ Budget（予算感）、Authority（決済者）、Needs（必要性）、Timeframe（導入時期）

(4) 標準的な営業プロセスのメリット

　「契約を締結し、ソリューションの導入に到るまでの壁を順番に乗り越えるのは面倒だ」という声が聞こえてきそうです。しかし、直感や気持ちのおもむくままに営業をするのと比べ、論理的で一貫性のあるプロセスとして営業活動を行うことは、以下のような大きなメリットが3つあります。

● メリット１：今なすべきことがはっきりし、進捗状況の可視化ができる

　営業活動を５ステップに分解することで、顧客への訪問目的と行うべき営業活動を明確にでき、事前準備もしっかりとできます。また、どのステップまで進んだのかが把握できることで、抱えている案件の進捗の可視化ができ、次のステップに進むための適切な対応策がとりやすくなります。

　さらに、営業パーソン自身だけでなく、営業リーダーもどこまで進んだかがチェックでき、適切なアドバイスも部下にできるようになります。逆に言うと、このようにステップを分けないと、「目標は達成できそうか」、「何件、顧客訪問をしたのか」といった質問をするだけで、営業活動の中身にまで踏み込んだ管理はできなくなってしまいます。

● メリット２：顧客の企画段階にフォーカスした営業ができる

　本書では、大きな案件を獲得するために、特に課題解決型の営業にフォーカスしています。そのためには、上流段階、すなわち、顧客の課題検討や企画段階から案件を発掘することが大事です。

　「良い提案をするためには、顧客から提案依頼が来てからではもう遅い」とはよく言われます。これは、営業ステップ１とステップ２を飛ばしてしまった状態です。こういうケースでは、顧客はすでに本命の業者を決めていて、当て馬としてこちらに声をかけているだけかもしれません。また、すでに競合他社が、自社に有利なように顧客と課題の設定や必要とされる機能要件を決めてしまっていることもあり、初めから不利な状況に置かれていることもあります。

　このため、営業活動を５ステップに分けることを意識し、営業ステップ１から始める営業活動に力を入れる必要があると考えます。

● メリット３：営業法が学びやすくなり、教育しやすくなる

　営業プロセスを５つのステップに分けるという標準化により、マニュアル化もしやすくなります。製造業での標準化は言うまでもなく、飲食店などでも顧客対応のマニュアル化が進み、高い効果を出しています。営業職も、これからは活動の標準化をし、業務効率の底上げが必要です。

　また最近は、管理者もプレイングマネージャーとして第一線で活躍することが求められるうえ、時間外残業が削減される方向にあります。そのため、部下の教育に時間を割くことが難しくなってきています。営業プロセスの標準化に基づく効率的な教育は、管理者にとっても大きなメリットがあります。

2．営業の5ステップを効果的に実施するためのツール

営業活動を5ステップに分解して捉える方法は、上記のようにメリットがたくさんありますが、営業ツール（ワークシートやチェックシート）を使うことにより、さらに効率良く行うことができます。また、営業ツールを使うことで、営業法の標準化がしやすくなる効果もあります。

営業ツールを一から作る必要がないように、本書ではツールの例を載せています。**図表4.4**は営業活動の5ステップとツールの関係を表したものです。各ツールの概要を以下に紹介します。詳細説明は、付録を参照してください。

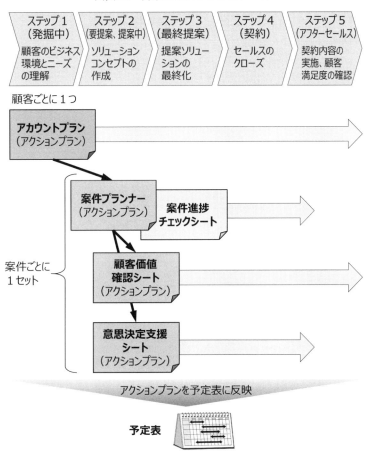

図表4.4　営業の5ステップとツール

(1) アカウントプラン（付録2.(1)）

アカウントプランを使って顧客に対する営業戦略を立て、効率的な営業活動を実現します。アカウントプランは営業ステップ1の初段階で作成後、営業活動の進展に応じて更新していきます。

顧客の企業や事業に関する分析から、顧客の課題を仮説として設定します。顧客との対話を通じて、その課題を更新し、より確かなものにしていきます。また、既存顧客の場合、これまでの売上履歴や顧客との関係などからも、顧客に対する営業機会を見出し、対象顧客で営業目標を達成するための行動計画を立てます。たとえば、リピートでの注文獲得や、クロスセル（関連商品の販売）、アップセル（より上位の製品の販売）です。

すべての顧客に対して詳細なアカウントプランを作る必要はありません。重要な顧客と、それほどでもない顧客とでは、かける手間にメリハリをつけて効率的に作成します。

(2) 案件プランナー（付録2.(2)）

このツールは案件機会を評価し、案件獲得を追及するアクションを明確にするために利用します。1つの顧客企業の中で複数の案件がある場合、それぞれについて案件プランナーを作成します。

営業ステップ1で行った顧客との対話の結果と、アカウントプランでの分析結果をインプットし、顧客の課題や顧客がその解決のために行動せざるを得ない理由について理解します。それに基づき、案件機会の確かさはどの程度か、顧客の課題に合ったソリューションが提案できそうか、競合他社に対する優位性はあるのか、などについて評価します。そうして出てきた疑問点の解消や案件を前に進めるための活動を、誰がいつまでにするのかを明確にします。

案件プランナーは営業ステップ1の後で作成し、営業プロセス全体を通してその内容を更新していきます。

(3) 案件進捗チェックシート（付録2.(3)）

案件プランナーを使う際、現在どの営業ステップにあるのかをチェックし、次のステップに進むためのアクションを決めるための参考にします。各営業ステップにおける乗り越えなければならない壁（**図表4.2**）を確実にクリアし、提案するソリューションを顧客の課題や要望により合うようにするメリットがあります。

第4章　営業プロセスの標準化ツールを活用する

⑷　顧客価値確認シート（付録2.⑷）

　提案ソリューションが顧客にとってどの程度の価値があるのかを、うまく訴求できるのかどうかが提案の最終的な成否をにぎります。このツールを使って、中長期と短期の双方から顧客にとっての投資対効果を明らかにし、購買にあたっての理由づけを顧客に提供します。

⑸　意思決定支援シート（付録2.⑸）

　このシートは、顧客の意思決定を妨げている阻害要因の特定と、その対応策を検討するのに用います。顧客との対話や案件プランナーへの記入内容をインプットして、営業ステップ2から作成を開始します。これにより、顧客の意思決定に関係するリスクとその大きさについて把握し、解消するための対策を決定します。

⑹　予定表（カレンダー）

　これは、一般的な予定表です。上記の各種ツールを使うと、案件に関連して出てくる疑問点や、提案内容を強化するための気づき、顧客の契約への不安や要望などが出てきます。それらにどういう対応策が必要かを決定し、誰が、いつまでに行うのかを明らかにします。それを予定表に転記し、月、週、日の予定を組んで実行します。

最初は、これらのツールの項目を埋められないかもしれません。しかし、何がわからないかをわかることが大切です。顧客との面談を通じて獲得した情報を、随時反映していきましょう

第4章のまとめ

ポイント

◆ これからの営業にとってますます重要となる課題解決型営業では、精神論よりも営業プロセスの標準化とツールの活用が大切

◆ 営業活動を5ステップに分け、各ステップにおける壁を順に乗り越えていくことにより、成功の確度を高めていくことができる

◆ 営業プロセスを5つのステップに分けるメリットは、
　① 今なすべきことがはっきりし、進捗状況の可視化ができる
　② 課題解決型営業に重要である顧客の企画段階（営業ステップ1）にフォーカスした営業ができる
　③ 担当者は営業法を学びやすくなり、営業リーダーは教えやすくなる

◆ 各営業ステップに対して、何をもってそのステップが終わったと言えるのかの完了基準が決まっている

◆ 1回の顧客訪問で1つの営業ステップだけ行うというわけではなく、状況に応じて1回で複数の営業ステップをまとめて行うことも可能

チェックリスト

☐ 営業活動がプロセスとして定義され、その教育と実践が組織として行われている

☐ 各営業ステップで実現すべきアウトプットが明確であり、営業活動がどこまで進んだのかの可視化ができている

☐ 顧客の企画段階から中に入り込む、課題解決型の営業にフォーカスしている

☐ 営業活動を効率的に実施するためのツールが整備されている

5

営業ステップ1 で 顧客の課題を 発見する

「変革せよ。変革を迫られる前に」

——ジャック・ウェルチ
元ゼネラル・エレクトリック社最高経営責任者

1．顧客のビジネス環境とニーズの理解をする活動の概要

(1) 営業ステップ1の活動の狙い

価格や納期志向のシンプルな案件ではなく、比較的複雑な案件こそが、今後対面型営業パーソンがその存在意義を発揮するためにもフォーカスすべき案件です。実際、顧客の課題の複雑化とともに、課題自体が不明確な場合が多く、対面型営業パーソンによる顧客との直接対話が不可欠です。

また、金額的な面から言っても、日常業務的な課題では大きな金額の案件は期待薄です。顧客が一番必要としているのは、「我が社が成長するために本当に実現すべき戦略的課題は何なのか」を明確にすることであり、こういった案件では自ずと投資金額も大きくなります。

このような複雑な案件では、顧客から単に課題を聞いてソリューション（解決策）を提案しようとしても、うまくはいきません。課題そのものの確認や、場合によっては顧客が意識していない課題に気づいてもらうことが必要なのです。この課題の確認、発見が営業ステップ1の狙いです（**図表5.1**）。そのため、まず顧客のビジネス環境を理解するために、顧客の経営状況や事業の方向性、さらにその業界や競合相手の動向を把握します。

顧客の戦略や中期計画書などを手に入れることができれば、その戦略的方向性や課題を把握しやすくなります。入手が難しい場合、手に入る範囲の情報をもとに仮説ベースで課題を設定します。この方法については、後ほど詳しく説明します。

さらに、既存の顧客の場合、こちらから販売した商品の履歴や同種の他社製品の顧客における導入状況から、アップセルやクロスセルなど、今後どのような商機が考えられるかについて検討します。

このような準備をして顧客と面談し、対話を通して課題の確認あるいは発見をします。また、課題に関連してBANT条件、すなわちBudget（予算感）、Authority（決済者）、Needs（必要性）、Timeframe（導入時期感）をできるだけ把握します。顧客がまだ企画の初期段階にある場合、確定情報である必要はなく、顧客との商談を続ける中で得た、より確実な情報で置き換えていきます。

これらの顧客に関する分析や顧客との面談の結果は、アカウントプラン（**付録2.**(1)）という営業ツールを使うと、効率良くまとめることができます。

第5章 営業ステップ1で顧客の課題を発見する

営業ステップ1
(発掘中)
顧客のビジネス環境と
ニーズの理解

図表5.1 営業ステップ1の概要

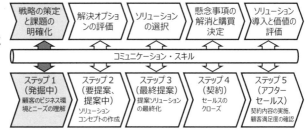

顧客の活動	戦略の策定と課題の明確化

顧客の課題発見

営業パーソンの活動	・顧客企業に関する分析と顧客の業界や競合の動向を把握する ・可能であれば顧客の戦略や中期計画書などを入手し、顧客の戦略的方向性や課題を理解する ・既存の顧客であれば、これまでの販売履歴などから考えられる商機を識別する ・顧客との対話を通して課題を確認あるいは発見する ・BANT条件、すなわちBudget(予算感)、Authority(決済者)、Needs(必要性)、Timeframe(導入時期感)などに関する初期情報を把握する

BANT条件
の確認は
大切です

活動の成果	・顧客の課題と行動を起こさざるを得ない理由を把握できた。また、こちらが理解したことが顧客に伝わったので、引き続き顧客とコミュニケーションをとることができる状態になった ・BANT条件に関する情報を入手した(ただし、このステップではまだ概要レベルでよく、商談を進めていく中でより詳細な情報を入手していく)
使用するツール (付録参照)	・アカウントプラン

83

(2) 営業ステップ１の完了基準

　営業ステップ１を実施し、このステップが終わったのかどうかを判断する基準は何でしょうか。それは次の２点のアウトプットが出せたのかどうかです。これらができた場合は次の営業ステップ２に進めますが、できない場合はできるまでさらに努力する必要があります。

① 顧客の課題と行動を起こさざるを得ない理由を把握できた。また、こちらが理解したことが顧客に伝わったので、引き続き顧客とコミュニケーションをとることができる状態になった

② BANT条件に関する情報を入手した。ただし、このステップではまだ概要レベルでよく、商談を進めていく中でより詳細な情報を入手していく

　営業ステップ１の結果、たとえば顧客が課題があることを頑として認めたがらない、あるいは予算感があまりに小さすぎる、導入時期があまりに遠い時期であるといったことが判明したら、早めに撤退をし、今後無駄な営業努力をすることを避けることも検討します。

「行動を起こさざるを得ない理由」とは、たとえば、顧客がなぜあるプロジェクトに投資をしなければいけないのかといった理由です。これが明確であれば、営業として追求すべき有望な案件とみなせます。逆に、顧客が「前向きに検討しています」と言っているだけのレベルでは、行動を起こさざるを得ない理由はいまだ不明確です

コラム：「問題」と「課題」の違い

　本書の中で「問題」と「課題」という言葉を使っていますが、その違いをここで説明します。「問題」とは、現状と本来あるべき状態との間のギャップのことです。たとえば、現在の体重と本来あるべき体重のギャップが問題であり、その問題の解消にダイエットというソリューションがあります。では、「課題」とは何でしょうか。課題とは顧客が抱える数多くの問題のうち、取り組むべき重要なものと、本書では定義しています（図表5.2）。

　どんなに成功している企業や組織にも問題は山ほどあります。どこの企業でも、人・モノ・カネ・時間の資源の制約はあるので、すべての問題に取り組むことはできません。そのため、緊急性や効果あるいは負荷（実施する大変さ）などを勘案して、戦略的に取り組むと決めたものが課題です。このように、どの問題に取り組むかを選択しないと、あれこれ悩むばかりで前進しません。

　また、時々、お客様から「当社の課題は、数多い材料の仕入れ先をもっと絞ること」とか「我が社の今の課題は、10年ぶりに業務システムを再構築すること」などと言われることがあります。これらは課題ではなく、課題を解決する「手段」です。このような手段をとる狙いや目的が課題になります。

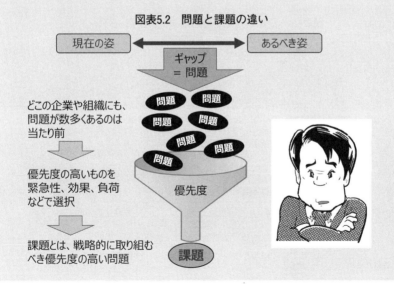

図表5.2　問題と課題の違い

それでは、問題解決型営業と課題解決型営業はどう違うのでしょうか。本書では、次のように区別しています（**図表5.3**参照）。

問題解決型営業は、顧客は何が問題かはわかっている前提で、その解決策を提案する営業法です。顧客の問題を起点とする営業法の体裁をとっているものの、その本質は昔ながらの製品を前面に出したものであることが多く見受けられます。

たとえば、コスト削減関連の商品を売りたい営業は、顧客の話もよく聞かずに「コスト削減の課題がありますよね。それならば当社の製品がお役に立てるかもしれません」と、どこの顧客に行っても本社の営業本部が用意した資料を説明するだけであることがよく見受けられます。

コスト削減はどこの企業でも永遠のテーマではありますが、顧客の目下の戦略としては、売上向上や市場拡大を図るほうに力を入れたいと思っているかもしれません。このようなアプローチなので、コンタクト先は担当者レベルのことが多く、なかなか経営層やリーダーを対象にした大きな案件になりません。

それに対して課題解決型営業は、顧客が優先的に解決すべき戦略的な問題を確認、発見することから始まります。経営変革や業務改革につながるような課題を顧客の経営層やリーダーと確認することで、大きな売上につなげ、企画段階から顧客を支援することで、競合他社より優位な立場を築くことを狙います。

図表5.3　問題解決型と課題解決型の営業法の違い

本書のフォーカス

	一般的な 問題解決型営業	課題解決型営業
課題確認へのかかわり	• 顧客が認識している課題説明をそのまま受け入れ、その解決策を提案することに集中する • 顧客の問題の優先度に関係なく、自社商品と関連深い問題に紐づけ、ソリューション営業の体裁をとることが多い	• 顧客が戦略的に取り組むべき課題を発見・確認することに注力する • 上流での大きな課題設定にかかわることで、提案の規模や幅を広げることを狙う
課題のレベル	• 戦術上の問題にフォーカス • 既存の視点、現在のやり方の延長線で改善を考える	• 戦略上の問題にフォーカス • 既存の視点にチャレンジし、変革のレベルで考える
顧客のコンタクトポイント	担当者からボトムアップに提案していく	経営層やリーダーからトップダウンにアプローチする
発掘できる案件のサイズ	中・小規模	大・中規模

2．営業ステップ1の成熟度診断

　先に営業ステップ1の狙いと活動の概要を説明しましたが、これの成熟度の定義が下記です。あなた自身、あるいは営業チームの現状レベルはどれに近いのかを選択し、下にある表の該当レベルにチェックを入れてください。

- レベル1
  - 状態：なぜ注文をしてくれるのかなど、顧客企業のことをあまり知らない。そのため、顧客の課題がわからず、それに対する解決策も提案できない
  - こうなる原因：これまで、注文や問い合わせに対応するのが営業のメインの仕事であった。あるいは、製品売りを前面に出した営業法で、顧客のビジネス課題を把握することにフォーカスしてこなかった
  - このレベルにいる問題点：顧客の課題に関する興味もあまりないので、課題解決型営業の入り口にも立てない

- レベル2
  - 状態：すでに顧客で顕在化している課題や、現在行っている業務の延長線上にある改善レベルの課題は見つけられる。しかしながら、潜在的な課題や変革につながるような戦略的な課題を見つけられない
  - こうなる原因：顧客の言う課題は絶対と思い込んでいる。あるいは、経営や業務変革レベルの課題にタッチするのは自分の手に余ると思い、避けるようにしている
  - このレベルにいる問題点：より大きな案件が発掘できるとともに、顧客から営業の付加価値を認めてもらえる機会を捨てている

【レベル1】顧客の課題がわからない
【レベル2】顕在化している課題や現状の改善レベルの課題はわかる
【レベル3】潜在的な課題や戦略的な課題も発見できる

- レベル3
  - 状態：顧客ですでに顕在化している課題のみならず、潜在的な課題の発見や複雑な課題の整理の支援を通して、顧客経営や事業変革に関する戦略的な課題を明確にできる

あなたの現在の成熟度レベルをチェックしてください
☐ レベル1 ★　　☐ レベル2 ★★　　☐ レベル3 ★★★

3．営業ステップ1の成熟度を上げる方法

(1) (レベル1⇒レベル2) 顧客に興味をもつ

現状がレベル1ということは、とにかく入ってきた注文や問い合わせへ対応することがこれまでの営業スタイルで、顧客のことや顧客がなぜ買ってくれるのかをよく知ろうとせずに商品を販売してきたということです。したがって、まずは顧客に興味をもつことが課題解決型営業を行うための出発点です。

顧客に関心をもつことから始める。
そうすれば、顧客の役に立ちたいと
いう気持ちが生まれる

課題を確認するための面談を顧客と効果的にもつためには、顧客に関する情報をできるかぎり集めて事前準備をすることが大切です。顧客企業に関する情報はもちろん、顧客の業界、競合相手の動向を把握し、顧客の経営や事業の方向性を理解します。

入手できるのであれば、顧客の戦略や中期計画は特に役に立ちます。上場会社の場合、投資家向けの資料（IR情報）が企業のホームページに掲載されており、このような情報は比較的容易に入手できます。また、既存の顧客であれば、自社商品の売上履歴や同種の他社商品の導入状況を確認し、自社商材の潜在的需要の推定を行います。

この事前準備は、アカウントプラン（**付録2.(1)**）というツールを使用すると効率的にできます。アカウントプランを使って、顧客に関して調べた情報を次のような項目に要約します。

- 顧客の事業（何を、誰に、どうやって提供しているのか）
- 顧客の業界内でのポジション（リーダー、チャレンジャー、フォロワー、ニッチャー）
- 財務状況（収益性や財務的な体力や安定性はどうか）
- 顧客の強み・弱み
- 中長期の戦略（投資家向けの資料などから入手）

さらに、既存の顧客であれば、以下の情報もアカウントプランを使ってまとめます。

- これまでの自社の商品やサービスの売上履歴
- 過去にあった顧客とのトラブル、クレーム、顧客からの感謝状など
- 同種の他社製品の導入状況
- 自社商材の潜在的な利用対象者となる顧客のユーザー数など

　営業パーソンの中には、顧客を訪問するのに、その企業のホームページすら見ずに行く人もいますが、これはもってのほかです。顧客のビジネスに関心をもてば、その役に立ちたいと思えるようになり、自分の仕事もより面白くなります。

⑵ （レベル１⇒レベル２）課題解決型アプローチが有効な顧客を見分ける

　課題解決型営業は、どのような企業に対しても総当たり的に仕掛けていくような営業法ではありません。顧客を選んで行う営業法です。

課題解決型営業法は顧客を選びます

　戦略的な課題にチャレンジして企業改革や業務変革をしようとする企業では、大きな投資がされることが多いため、課題解決型営業にとっては狙い目であり、そういう状況にある顧客を探し出すことが大切になります。

　最近は、激変し続ける市場や技術革新に対応して生き延びていくため、以前は保守的と思われた業界や企業であっても、自社の変革に取り組む企業が多くなってきています。

　しかしながら、現実を知りつつも、外部環境の変化を事実として受け入れない企業や、新しいことに取り組むにあたって発生する不安や不快から、変革に対する社内抵抗勢力が強い企業も少なくありません。また、変革ができない原因を他部門のせいにし合って動こうとしない企業もあります。

過去の実績や経験、常識にとらわれずに、積極的に変革をしようとする顧客を見つけるためのチェックリストが**図表5.4**です。あなたがアプローチしようとしている顧客について、チェックしてみてください。

図表5.4　課題解決型営業に向く企業、向かない企業

【向く企業】
☐ 顧客は市場でのシェアの減少や新しい法令・業界規制など、外部環境の変化に直面している
☐ ビジネス変革を実現するために、経営トップ自ら旗を振っている
☐ 経営改革を実施するために、経営陣が刷新された
☐ 現状を変えねばという危機感が組織全体に広がっている
☐ 顧客は業界のベストプラクティス（お手本のやり方）や、競合他社から遅れている点を学び、追いつくことに強い関心がある
☐ 顧客は社内の勉強会や外部のセミナー、研修への参加に熱心である
☐ 既存のベンダー（業者）に不満を感じている

【向かない企業】
☐ 減点主義の人事評価で、出る杭は打たれる風潮の企業
☐ 経営トップから言われたことに疑問を挟まず、黙ってやるのが暗黙の了解だが、現場では何をすればよいのかがわかっていない
☐ これまでのやり方に固執し、変化を嫌う抵抗勢力が強い
☐ 社内で影響力があり、会社全体や自組織のことを憂えている「心ある人」が見当たらない

このチェックリストは企業レベルのものでしたが、顧客企業の中の誰と話すのかによっても違います。現場の担当者は危機感を抱いていないのに、リーダー層と話してみると変革の必要性を強く感じていることがわかって驚くことがあります。企業の中に複数のコンタクトポイントがある場合、誰にアプローチをするのがもっとも効果的なのかを見分けるのも重要です。以下のA〜E氏の中で、戦略的な課題について話をするのに向いた人を選んでください。

☐ A氏
  ・周囲に遠慮したり、出る杭になることを避けようとしたりする
  ・自分で意思決定をするのを嫌がり、上司や周りの意思に従おうとする

- □ B氏
  - ・仕事に対する熱い思いが前面に出ているが、自説にこだわり周囲の状況や意見を考慮しないところがある
  - ・意思決定は迅速ではあるが、気まぐれで論理性がない

- □ C氏
  - ・人は良いが、全体に大ざっぱで詰めが甘い
  - ・意思決定にあたっては、直観に流され論理的にできない

- □ D氏
  - ・ベテランで評論家のような存在。建て前論が多く、前例にこだわる
  - ・意思決定にあたっては、悩むばかりで決断できない

- □ E氏
  - ・仕事ができるだけでなく、若手の面倒見や上司、関係部門とのコミュニケーションも良い
  - ・意思決定はロジカルであり、決めた理由を上司や周囲に明快に説明できる

この例では、最後のE氏ですね。このように、課題解決型営業に向く顧客のあたりをつけます。次にすべきは、顧客の課題をどう確認するかです。それについては、次で説明します。

(3) （レベル2⇒レベル3）課題の整理や発見を支援する

課題解決型営業に向きそうな顧客の候補が見つかったら、顧客と面談し、その課題を発見または確認します。特に重要なことは、顧客が行動を起こさざるを得ないような優先度の高い課題を見出すことです。たとえどんなに好調な企業でも、問題は山積しているものです。その中でも、これは取り組まなければならないと顧客が認識している課題がはっきりしなければ、提案活動をしても時間と労力の浪費に終わってしまいかねません。

現状がレベル2ということは、すでに顕在化している課題を顧客から聞いたり、現在行っている業務の延長線上における改善レベルの課題を発見したりはできても、経営や業務の変革につながるような課題を明確にはできていない状態です。それでは、レベル3に上がるためにはどうすればよいでしょうか。

① 戦略的な課題例

これまでのビジネスモデルや現在行っている業務の延長線上での改善に関しては、顧客は何が課題かをよくわかっています。しかし、変革に取り組もうとする場合、過去の知見があまり役に立たなかったり、問題が複雑であったりするため、「課題がわからないのがウチの課題だよ」と言われることがよくあります。実際、このような悩みを顧客から数多く聞いたことが、私が課題解決型営業に取り組み始めるきっかけとなりました。

こういう悩みをもった顧客に対して、どのように課題の発見あるいは明確化の支援をしたらよいでしょうか。そのためには、変革の代表的なパターンを知っていると課題の見当をつけやすくなります。

㋐ 新製品・サービスの開発や新市場開拓の視点からの変革パターン

製品・サービスと対象市場の組み合わせ（アンゾフの成長マトリックスと呼ばれています）から変革のパターンを整理すると、たとえば、**図表5.5**のような課題例があります。このマトリックスを意識しながら顧客と会話することで、新規製品やサービスを開発しようとしているのか、あるいは新規市場の開拓に挑もうとしているのか、という観点から課題の見当をつけることができます。

なお、一般に、取り組みのリスクはA、B、C、Dの順に高くなります。

図表5.5　製品・サービスと対象市場の視点からの変革パターン

	既存の製品・サービス	新規の製品・サービス
既存市場	【A：市場浸透】 課題例：既存市場への浸透のためのマーケティング、営業力強化	【B: 新製品・サービス開発】 課題例：新製品・サービスのブランディング、認知度確立、スキルのある営業および技術者の育成
新市場	【C: 新市場開拓】 課題例：新市場の開拓のためのチャネルやパートナーの構築、新市場での認知度確立	【D: 多角化】 課題例：多角化に関するコーポレートガバナンスの確立、グループ企業全体でのリソース最適化

第5章　営業ステップ1で顧客の課題を発見する

㈠ 業務プロセスの視点からの変革パターン

　前記は、どういう形態で外に向かっていくのかという観点での変革でしたが、もう1つの代表的な変化のパターンは、業務プロセスからの視点のものです。こちらは社内の業務プロセスの最適化、すなわち内向きの視点です。社内の業務の効率や品質を飛躍的に高めるために行われます。

　この業務プロセスの変革の領域では、**図表5.6**のような課題がよく取り上げられます。業務プロセス変革と一口に言っても、さまざまな目的のために、さまざまな取り組みがあります。そのため、顧客がどういう業務変革に取り組もうとしているのかの見当をつけるうえで、この図を参考にしてください。

図表5.6　業務の視点からの変革パターン

93

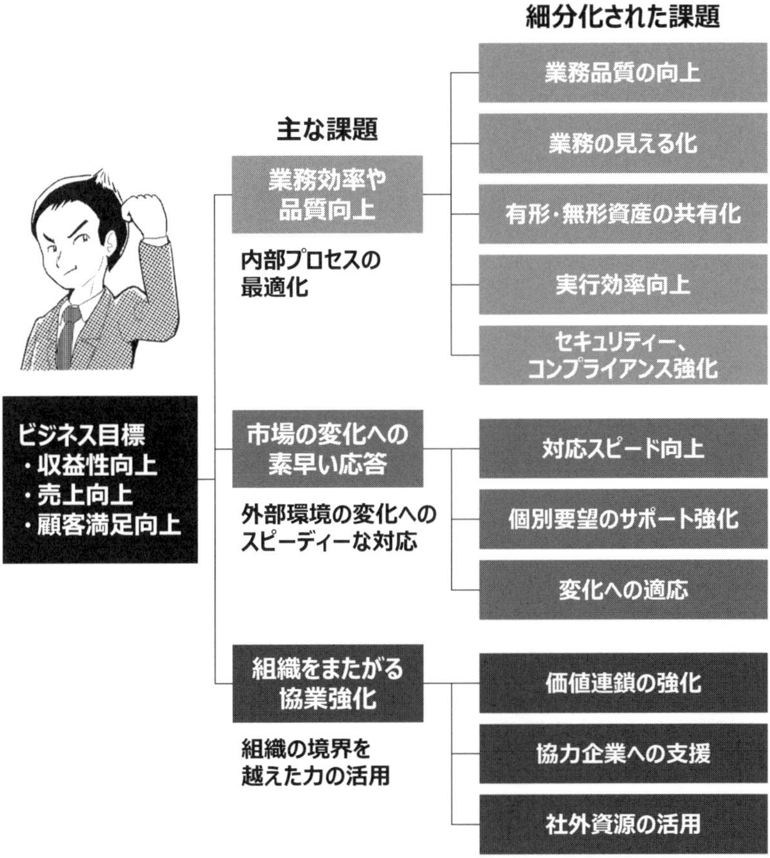

② 顧客はなぜ、自社の課題を設定するのが難しいと感じるのか

先に見たように、入手可能な情報をもとに顧客の課題に関する仮説をもって会うわけですが、顧客自身は意外と自社や自部門の課題がよくわかっておらず、課題を明確にすることが難しいと感じていることがよくあります。

私自身、これまで約300社に対して課題発見型の営業をしてきましたが、その多くは一部上場の大会社でした。そういった企業ですら、意外と課題が明確でないことを発見して驚いたことを覚えています。

顧客が課題を設定するのが難しい理由を、**図表5.7**に列挙してみました。あなたの顧客に、ここにあるような理由が当てはまるかどうかをチェックしてみてください。

図表5.7　顧客にとって戦略的課題の発見や取り組みが難しい理由の例

☐	前例がなく、他社がやっていることを真似しようにも、そのノウハウがわからない、場合によっては他社でも行われたことがない
☐	社内外の問題がどんどん複雑化し、一部門の責任者の視点からでは複雑すぎて、何が課題か整理できなくなっている
☐	企業全体での標準化や重複機能の排除、共通機能の共有化など、取り組めば大きな効果が期待できると思うものの、自分の業務や責任範囲を超えて、他部門の関係者と手を携えて実現しようというリーダーがいない
☐	自動化や省力化による効率化やコスト削減のように、経営者から見ればメリットは大きいが、その対象となる組織にとっては自分たちの仕事がなくなる恐れがある課題のため、直視しないようにしている
☐	何が問題かを多く挙げて見せる社内評論家は多いが、優先度づけができないため、どれに取り組むべきかを決めることができない
☐	本当は課題と思っているが、社内政治力学のため、誰も声を上げて取り組もうと言わない

③ 戦略的な課題を見出すための方法

課題を簡単には明らかにできない顧客に対しては、以下の3つを使ってアプローチします（**図表5.8**）。

　㋐ 課題発見のための意識

　㋑ 検討の抜け漏れや重複を排除する技術（MECE）

　㋒ 仮説を立てて検証する技術

第5章　営業ステップ１で顧客の課題を発見する

図表5.8　戦略的な課題を見出すための方法

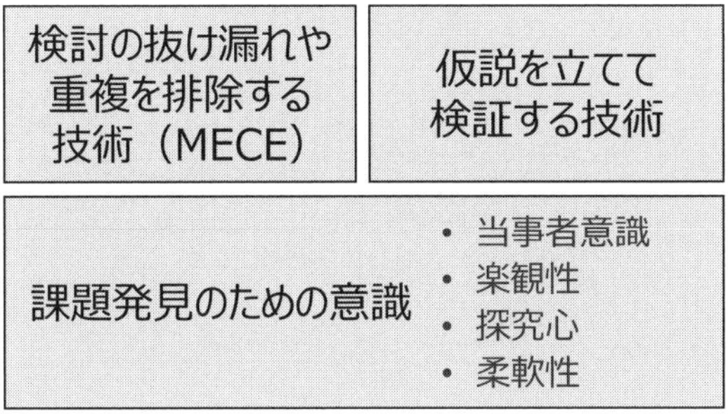

検討の抜け漏れや重複を排除する技術（MECE）	仮説を立てて検証する技術
課題発見のための意識	・当事者意識 ・楽観性 ・探究心 ・柔軟性

㋐ 課題発見のための意識

　テクニックを云々するよりも、実は一番目の「意識」がもっとも大切です。具体的には、次のような意識をもって課題発見にあたる必要があります。

- **当事者意識**：顧客の立場になってその会社や職場を見て、話を共感しながら傾聴できているか
- **楽観性**：課題は必ず見つかり、能動的に取り組めば道は拓けると思っているか
- **探索心**：顕在化している課題だけではなく、真の課題を知ろうという思いをもって潜在的な課題も発見しようという意欲があるか
- **柔軟性**：勝手な思い込みや落としどころをもたず、環境の変化や多様な考えを受け入れられるか

　このような意識がないと、一緒に検討したいという熱意や姿勢が顧客に伝わらず、顧客の信頼を得ることもできません。また、これから述べるようなスキルを高めようとする意欲もわきません。

㋑ 検討の抜け漏れや重複を排除する技術（MECE）

　顧客から「ここの検討はなぜしなかったのですか。これが抜けているため、あなたの提案が良いのかどうかわかりません」などと言われては困ります。検討の抜け漏れをなくすことで、このような事態を避ける必要があります。

　このためには、適切な検討フレームワーク（枠組み）を利用することが鍵で、MECE（ミーシー）の性質をもつフレームワークがベストです。MECEとは、Mutually Exclusive and Collectively Exhaustive の略で、「お互いにはまったく別個のものであり、全体としては１つのまとまりを成している」ということです。

図表5.9 MECE フレームワークの例

　図表5.9をご覧ください。たとえば、人間を「男」と「女」という要素に分けると、それぞれは重複のない別個のものであり、抜け漏れのない分類になっています。ところが、人間を「男」、「女」、「子ども」という要素に分けると、子どもには男子と女子がいるので重複が生じます。重複があると検討が非効率になり、混乱をきたします。また、人間を「老人」と「子ども」という要素に分けると、青年や中年の抜けが生じます。抜けがあると、本来検討すべき領域を忘れてしまい、検討の結果が不充分、あるいは誤ったものになってしまいかねません。

　このように、MECE の性質をもつ分類があれば重複も抜けもないため、検討が効率的に行えるし、混乱する恐れを減らせます。また、顧客に対して、検討範囲全体がどういう部分で構成されており、今どこの説明をしているのかを明示できるため、理解してもらいやすくなるメリットもあります。

　このような検討のフレームワークの例が**図表5.10**です。これは、「収益を3年で倍増」するというビジネス目標を検討しています。図表のように分解していけば、検討の抜け漏れはありません。

　もう1つの例（**図表5.11**）は、小売業の変革の検討に用いたフレームワークです。こちらは、小売業の企業がもつと考えられる機能をすべて列挙したものです（簡略化のため、具体的な機能はこの図表に表記していません）。

　このフレームワークを用いて競合他社と比較することにより、優位性がある機能と、逆に後れをとっている機能を網羅的に検討できます。単に気になる機能だけをチェックするのに比べると、結果の信頼性ははるかに高くなります。

第 5 章　営業ステップ１で顧客の課題を発見する

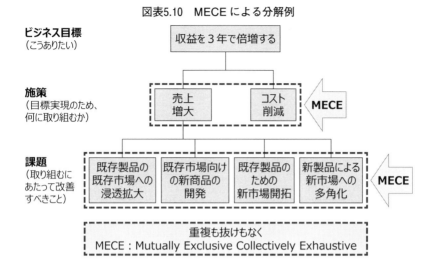

図表5.10　MECE による分解例

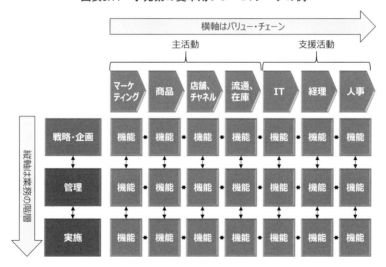

図表5.11　小売業の変革用フレームワークの例

　フレームワークを一から自分で考えようとすると大変です。実績のあるフレームワークを集めた本も多く出版されています（本書巻末の参考文献にも１冊挙げました）ので、そういったものを参考にするとよいでしょう。

(ウ) 仮説を立てて検証する技術

　初心者が犯しがちな間違いは、顧客にやみくもに根掘り葉掘り質問したり、情報提供を依頼したりすることです。顧客に頼んで資料やデータを提供してもらう場合、注意が必要です。なぜなら、顧客はどのような斬新な発見を指摘してくれるのかと期待をもつからです。それにもかかわらず、顧客が以前から思っていた課題の再確認で終わってしまうと、「私の時間を無駄にしないでくれ！」とクレームを言われかねません。

　事前に仮説を立てずに、このようなことを行ってはいけません。しっかり仮説を立てて、何のために顧客からデータを得る必要があるかをはっきり伝える必要があります。仮説とは、「何が重要な課題か、未証明ながら1つの説として想定したもの」です。仮説を立てて、それを検証することを繰り返し行うことで、スピーディに、より確かな仮説に到達できます（**図表5.12**）。

　最初に立てた仮説が正しいとはかぎらず、論理的な検証で確かめていく必要があります。その結果、仮説をさらに洗練させていく場合と、その仮説を捨てて、また別の仮説を立てる場合があります。このような試行錯誤を繰り返して、説得性のある仮説に到達します。

図表5.12　繰り返し検証し、仮説の精度を高める

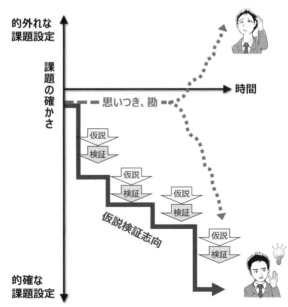

具体的には、社内外の文書や伝聞情報（2次情報）をもとに仮説を立てて、顧客との面談や生で調査・測定したデータ（1次情報）を使って立てた仮説を検証し、何が課題かの仮説を明確にしていきます。

この仮説検証作業を行うにあたっては、目的達成志向、重点志向でします。すなわち、できない理由を探すのではなく、何が可能かを探索します。

図表5.13は仮説レベルの課題とその検証の例です。この企業では在庫が多すぎるため、適正レベルに改善したいというニーズがありました。このニーズを実現するための課題を探す目的で立てた仮説と、それを検証するために顧客に確認した事項のリストです。このように、営業パーソン自らが顧客の課題は何かと考える必要があります。これまでのように、売りたい商品についての知識とリレーションを作るスキルだけでは、課題解決型営業はできません。

図表5.13　在庫管理の最適化に関する仮説レベルの課題設定と検証の例

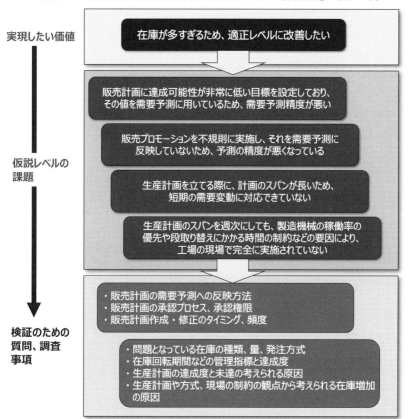

仮説がなかったとしたら、どうでしょうか。営業パーソンはあらゆる選択肢や情報を検討しなければならなくなり、多大な時間と労力がかかってしまいます。営業活動の一環として、無償で課題の発見や確認の支援をするのですから、それほど時間をかけられません。また、思いつきや勘では、説得性のない1人よがりの提案になってしまいます。

　最初の仮説はひらめきかもしれませんが、顧客の強み、弱み、あるいは顧客をとりまく外部の機会や脅威の変化を考えてみて、問題と認識しているものや、今までやったことがなくても、将来目指すと良さそうなことを考えてみます。また、社内外のその道の専門家、識者と言われている人たちの意見も参考になります。

　仮説を立てるにあたっての基本姿勢は、当たり前のことは言わないことです。それでは仮説と言うほどのこともありません。また、あまりに現実的で慎重になりすぎますと、確実性は増しますが、単なる現状維持の結論に終わってしまいます。

　課題の設定にあたっては、視野を広く、高くもって課題の検証のサイクルを回すことにより、顧客にとって効果が高く、営業としても案件の規模が大きくなるような仮説の設定ができます（**図表5.14**）。

図表5.14　顧客と営業パーソン双方にメリットのある課題の設定

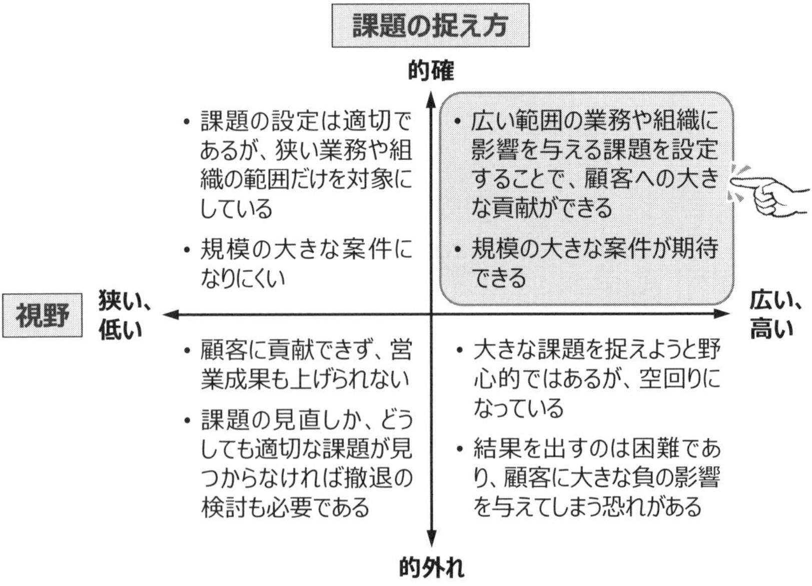

第5章　営業ステップ1で顧客の課題を発見する

　練習として、あなたの顧客について何が課題かの仮説を立てて、ワークシート（**図表5.15**）に記入し、課題解決型営業の切り口を考えてみてください。

図表5.15　課題設定の練習用ワークシート

お客様名	

お客様のビジネス課題	
お客様の戦略、中長期経営目標	
お客様のビジネスでうまくいっている点	
お客様が課題と思っていること（悩みごと）	

お客様は認識していないが、潜在的に課題と思われること	
1	
2	
3	

お客様との面談で確認してみたい仮説	
お客様は、現在その仮説をどのように思っているか？	
お客様は、本来その仮説をどのように捉えるべきか？	
この仮説が受け入れられた場合、どのような解決策を提案できるか？	

最近は、企業のセキュリティー意識がますます高まっており、勝手にオフィスや事業所に入り込むことはできませんし、事前予約なしの面会も困難です。特に新規の顧客とのアポ取りは難しいので、仮説として設定した課題に関連づけて、顧客にこの営業パーソンに会ってみようかと思ってもらえるような情報を提供してアポ取りをしやすくします。

　たとえば、課題に関連する顧客の業界での先進事例や、顧客の競合他社についての情報です。特に横並び意識の強い業界の顧客には喜ばれます。技術系の顧客であれば、顧客が関心のある領域の技術動向の情報提供などでもよいでしょう。

　このような顧客に対するお土産の情報を、必ずしも営業パーソン自身が説明する必要もありません。上司や役員、社内タレント（たとえば、製品開発者やマーケティング担当者、エバンジェリスト）などに同行してもらうことも考えましょう。

　この段階では、顧客との対話を通じて、その課題を発見または確認することが主眼です。ここでは、顧客のビジネスの成長に資する会話に集中し、自社製品を売らんかなという会話は控えましょう。

情報をお土産として持参できる営業パーソンは顧客に歓迎される

第5章　営業ステップ1で顧客の課題を発見する

コラム：無料診断ツールによる顧客の課題発見

　無料診断ツールを作成し、それを使って顧客の業務の成熟度などを診断し、課題を探るアプローチもあります。顧客からすれば、それほど負担がかからず、業界平均と自社の立ち位置のギャップや改善のためのヒントを無料で知ることができるため、診断を受けることにそれほど抵抗がありません。

　営業パーソンにとってのメリットは、普段の営業活動では顧客になかなか聞きにくいこと、たとえば、顧客のビジネス環境（業務プロセスや組織、設備など）や悩み、ニーズなどを体系的に時間をかけて聞けるめったにない機会が得られることと、診断の結果に基づいた的確な提案活動につなげられることです。

　IT業界では、さまざまな無料診断を顧客に提供し、案件機会の発掘がよく行われます。無料のセキュリティー簡易診断の場合を例にとります。この診断を実施すると、顧客はセキュリティー強化のための有用な知見を得ることができます。というのも、多くの企業ではセキュリティー対策に関して、次の3つの問題を抱えているからです。

　理由1：リスク管理には全社を挙げて取り組む必要があり、1ヵ所に脆弱な部分があると全体がリスクに脅かされる。ところが、多くの企業では各組織や業務ごとにリスク管理を任せているため、問題はないと考えている

　理由2：セキュリティー管理は、どこまでやれば充分なのかわかりにくい。しかも、ここに投資しても売上が上がるような性質のものではないので、本気で取り組まれていない

　仮説3：顧客は自分たちの業界において、何がセキュリティー対策のベストプラクティスか、あるいは業界他社と比べて自社の立ち位置はどのレベルかをよく知らない

　簡易的なセキュリティー診断の場合、診断ツールを使いながら顧客と比較的短時間で実施します。この診断を営業活動に活用するためのコツは、単に診断ツールに基づいた質問に対する回答を顧客から得るだけではなく、顧客との会話の中で、その組織やプロセス、悩みごと、ニーズなどについてもヒアリングし、今後の営業活動に役立つような情報を収集することです。

　この質問力が、優秀な営業パーソンとそうではない営業パーソンの違いです。このような診断を行うと、普通の営業では何回訪問しても得られないような貴重な情報を得ることができます。

このようにして顧客から回答を得たら、それをツールで分析し、診断実施結果報告書をまとめます。**図表5.16**は、そのイメージを簡略化したものです。後日、それを顧客にプレゼンテーションしますが、もちろん、診断結果からわかった顧客の課題を改善するためのソリューションについても提案します。

この診断の結果、顧客はセキュリティー対策に関して自社の良いところと改善が必要なところ、さらに、改善のためのソリューションを知ることができます。また、営業パーソンにとっては、ソリューション提案のきっかけをつかむことができるだけでなく、顧客のビジネス環境や悩み、ニーズなどを知ることで、他の案件の芽を発掘する機会にもなります。

ここではセキュリティー診断の例を取り上げましたが、ほとんどあらゆるテーマについて無料診断ツールは作成できます。

図表5.16　課題発掘ツールとしてのセキュリティー診断の結果イメージ

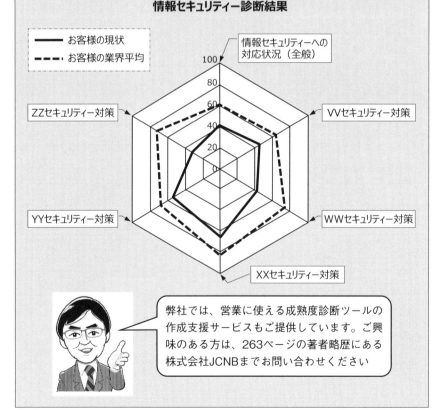

104

第5章 営業ステップ1で顧客の課題を発見する

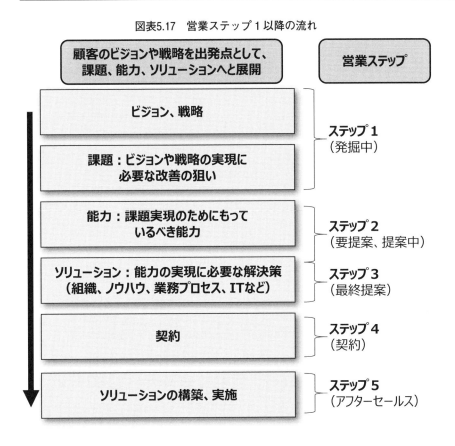

図表5.17 営業ステップ1以降の流れ

　以上、営業ステップ1（案件発掘）の方法について、顧客が抱える課題の発見や明確化の支援にフォーカスして説明しました。ここで、この後はどう営業活動につなげるかについて概要を説明したいと思います。**図表5.17**を参照してください。本章で取り上げた部分は、この図表の上2段です。すなわち、顧客のビジョンや戦略を出発点として、それを実現するための課題の発見や明確化を行うところです。その後、次章以降で課題を実現するために必要な能力を見出し、次にその能力を実現するためのソリューション（解決策）を提案して、契約に結び付け、さらに契約後のフォローをする流れになります。

　この図表にもあるように、ソリューションと言っても組織や人のスキル・ノウハウに関する改善策や業務プロセスの変更、ITソリューションなどさまざまに考えられます。あなたの会社の商材だけではなく、本当に必要なソリューションは何かを広く考えるようにしてください。

たとえば、ITベンダーは自社のハードウェアやソフトウェアだけで顧客の課題を解決できると思うかもしれませんが、それだけではなく組織の体制やガバナンスを変えないと本当の効果が出ないことがよくあります。

　まずは1回、顧客のビジョンや戦略からソリューションまでトップダウンに展開したら、全体の整合性をチェックし、さらに効果を高めるために、この展開のプロセスを繰り返すことにより、ブラッシュアップすることができます。

　図表5.18は、ある企業での「オフィスワーカーの生産性を向上する」という戦略に関して、課題やソリューションを導出した例です。

図表5.18　ビジョン、戦略から課題、ソリューションへの展開例

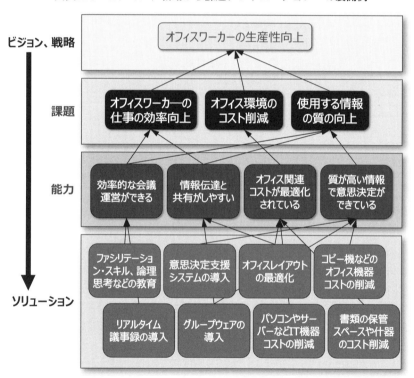

第5章 営業ステップ1で顧客の課題を発見する

　あなたの顧客に関しても同様に、顧客のビジョンから始まって、ソリューションの導出までの展開を、**図表5.19**のワークシートを使って行ってみてください。

図表5.19　課題発見・ソリューション導出用ワークシート

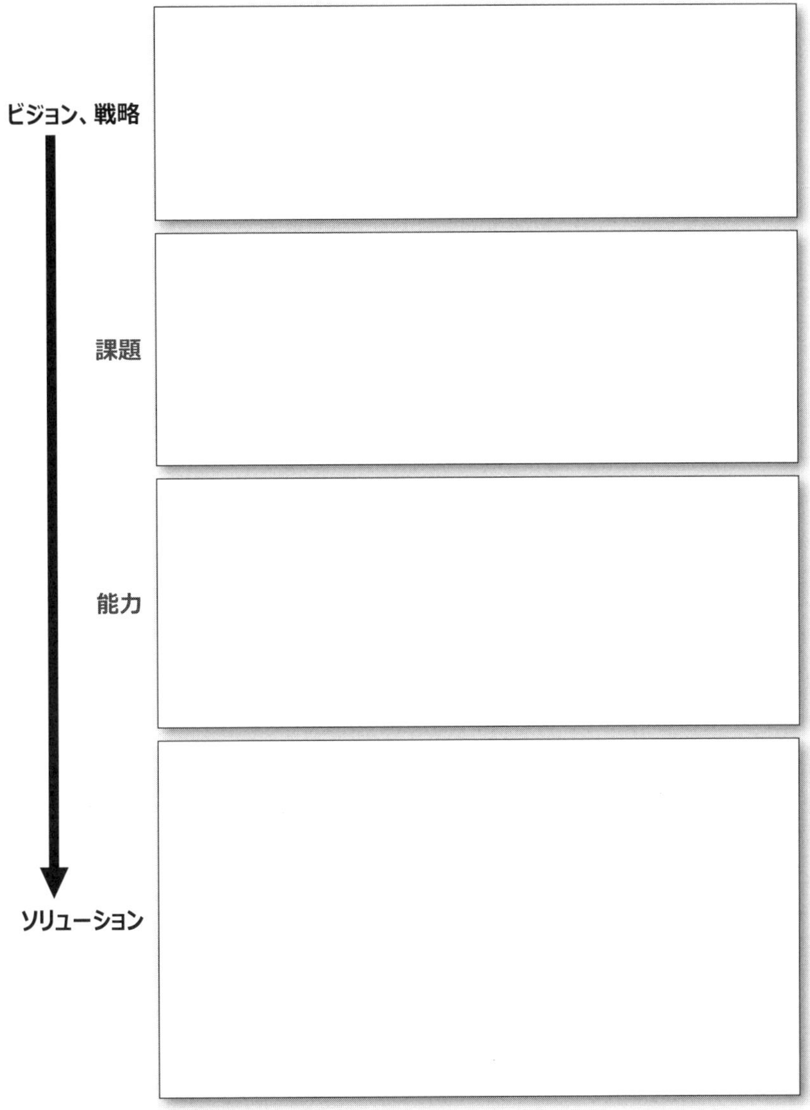

ビジョン、戦略

課題

能力

ソリューション

第 5 章のまとめ

ポイント

◆ 戦略的な課題にチャレンジして、企業変革をしようとする企業では、大きな投資がされることが多く、課題解決型営業にとっては狙い目である

◆ 「顧客は自社の課題をわかっている」との思い込みをもたず、実はよくわかっていないことが多いと思ったほうがよい

◆ 営業ステップ1を効果的に実施するには、顧客との面談の前に営業ツールのアカウントプラン（**付録2.(1)**）を使って、効率的にターゲット顧客に関する情報収集と分析をして、課題に関する仮説をもつ

◆ 課題を発見しやすくするために、本章の変革パターン集を参考にする

◆ 戦略的な課題を見出すためには次の3つが大切
  ① 課題発見のための意識
  ② 検討の抜け漏れや重複を排除する技術（MECE）
  ③ 仮説を立てて検証する技術

チェックリスト

☐ これからの対面型営業は、課題解決型営業を実施することでその存在意義を発揮できるため、特に営業ステップ1の段階にフォーカスした営業活動をしている

☐ アカウントプランの標準フォームがあり、顧客にどうアプローチするのかの検討に活用されている

☐ 顧客へのアプローチ方法を考えるための基礎データとして、対象顧客への売上履歴や顧客との過去の主な出来事（クレーム、感謝状）、関係（好意的、競合他社寄りなど）がすぐにわかるようになっている

☐ やみくもに課題解決型営業を仕掛けるのではなく、課題解決型営業に向く顧客、向かない企業をチェックして選択している

☐ BANT条件は早い段階から確認するようにしており、営業機会を追求するのか、撤退するのかの意思決定を遅滞なくしている

6

営業ステップ2で案件の芽を育てる

「明確な目標を定めた後は、執念だ。ひらめきも執念から生まれる」

——安藤百福
日清食品創業者

１．ソリューション・コンセプトを作成する活動の概要

⑴　営業ステップ２の活動の狙い

　営業ステップ２では、営業ステップ１で明確にした顧客の課題に対する解決策の検討を開始し、いよいよ案件につなげ始めます。営業としてのテンションも上がりますね。顧客のほうも、「私の悩みや要望は話しました。さあ、どう解決してくれるのか、お手並み拝見」と営業パーソンに対する期待が高まります。

　営業ステップ２での活動の概要を見てみましょう（**図表6.1**）。この段階では、ソリューション・コンセプト（概要レベルの解決策）を作成することが中心です。特に複雑な課題の場合、複数の解決策の選択肢があることが普通です。顧客にそれぞれの課題解決のアプローチや、メリット、デメリットを簡潔に説明して、どの選択肢にフォーカスするのか、次の営業ステップ３での提案の詳細化をする前に、顧客と合意をとります。

　なぜなら、いきなり具体的かつ詳細な提案書を作成しても、それが顧客の期待するものとズレていたら、その作成にかけた時間と労力は無駄に終わってしまいます。また顧客にしても、これが解決策といきなり言われるよりも、その前にどんな選択肢があり、その中でどの解決策が良さそうなのかを知りたいはずです。

　このソリューション・コンセプトを顧客に評価してもらわないことには、商談は始まりません。しっかりと内容を練って、解決案のポイントや価値、他社との違いを簡潔に説明します。

　また、ソリューション・コンセプト作りの中でも、顧客がどのような課題をもっているのかを引き続き明確化する支援をし、解決策が提供すべき機能や価格、品質、納期などについての要望を聞きます。

　営業ステップ２で作成するソリューション・コンセプトの内容としては、次の項目をカバーします。

①　**対象範囲**

②　**解決方針（解決策の概要）**

③　**他の解決選択肢や競合他社との比較**

第 6 章　営業ステップ 2 で案件の芽を育てる

図表6.1　営業ステップ 2 の概要

営業ステップ2
(要提案、提案中)
ソリューション・コンセプト
の作成

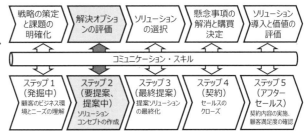

顧客の活動	・ビジネス課題の明確化・詳細化 ・解決オプションの評価
営業パーソンの活動	・顧客のビジネス課題と機能要件などの明確化を支援する ・顧客にとって価値があり、自社にとって利益が出る解決案の選択肢を検討し、ソリューション・コンセプトを作成する ・競合になる場合は比較検討項目を把握・合意する ・顧客の意思決定プロセスとステークホルダー（関係者）を把握する

ソリューション・コンセプトには、その対象範囲、解決方針、他の解決選択肢や競合他社との比較を盛り込みます

活動の成果	・ソリューション・コンセプト（ソリューションの方向性に関する素案）に対して顧客から同意を得た ・これから作成する提案を、顧客キーマンが検討することの同意を得た ・提案に関連する顧客のキーマンと予算、スケジュール、購買プロセスについての情報を入手した
使用するツール （付録参照）	・アカウントプラン ・案件プランナー ・案件進捗チェックシート ・顧客価値確認シート ・意思決定支援シート

111

① **対象範囲**
　どこまでの範囲の組織や業務を課題解決の検討の対象にするのかです。たとえば、業務改善の課題を検討するのに、対象組織の範囲としてどこまでとするのかを明確にする必要があります。下図のように、本社と関連企業がある顧客の場合、本社だけで子会社は対象としないのか、あるいは、グローバル化の課題を検討する場合、まずは一部の地域に限るのか、始めから全世界まで広げるのかを明確にします。

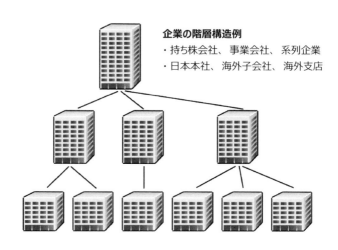

　業務の範囲についても同様です。たとえば、顧客とのリレーション管理の改善に関する課題に取り組むのに、営業支援の業務だけにフォーカスするのか、ワン・ツー・ワン・マーケティング業務の強化のほうに取り組むのか、はたまた両方なのかを明確にします。
　上記の例でもわかるように、課題実現の検討をするにあたって、その対象範囲をどこまでと設定するのかで、提案するソリューションの内容は大きく変わります。そのため、顧客と対象範囲をよくすり合わせることが大事です。

② **解決方針（解決策の概要）**
　どのような解決方針で臨み、どのような効果やメリットが期待できるのかを明らかにします。解決方針の例としては、既存のモノ（例：設備やシステム）をできるだけ活用しようとするのか、それは考慮せずにすべて一から作り直すのかでは、解決策がまったく異なります。

あるいは、長年使われていて実績のある、いわゆる枯れた技術だけを使って信頼性を高めることを優先するのか、実績の少ない先進技術を使って飛躍的な性能向上を狙った挑戦をするのかでも、解決策の方向性は大きく変わってきます。

解決方針は、顧客の課題や制約条件、嗜好などにより大きく変わりますし、営業する側にとっても価格や期間などが大きく変わるため、これも顧客としっかりとすり合わせることが大切です。

概要レベルの解決策の効果は、顧客の課題と関連づけて簡潔に説明します。また、説明する相手により関心事が異なるので、その人に合わせた説明をします。くどくどと複雑な説明をしないとその良さを顧客に説明できないのであれば、解決策自体が適切ではないか、説明の仕方が悪い可能性が高いため、さらに練り上げる必要があります。

③ 他の解決選択肢や競合他社との比較

他にどのような選択肢や代替案があり、それらとの違いは何か、また競合他社に対する差別化ポイントは何かについて説明します。顧客との会話の中から、どこが競争相手か、顧客が重視する比較検討項目は何かを把握する必要があります。

たとえば、ダメもとで以下のような質問を顧客にします。

「他にどのようなベンダー（業者）が、この案件に関して御社を支援していますか」

「御社は、ベンダーのどこを評価しているのですか」

「御社がもっとも信頼しているベンダーはどこですか」

以上のようにソリューション・コンセプトを顧客に提示しますが、合わせて予算に関する情報収集を行います。たとえば、次のような質問を顧客にします。

「この件がプロジェクト化されるとしたら、どのくらいの予算が付くでしょうか」

「この提案概要ですと、おおよそ○○万円くらいかと思いますが、お客様の予算感はどれくらいですか」

また、ソリューション・コンセプトがプロジェクトとなる場合、それに関連するキーパーソンについても情報を集めます。すなわち、主となる意思決定者は誰か、課題が実現されると恩恵を受ける代表は誰（どの部門）か、承認者は誰か、意思決定に影響を与える人（インフルエンサー）は誰か、などを調べます。さらに、購買プロセスおよび意思決定プロセスやスケジュール感についても確認します。

以下に述べる営業ツールを活用することで、**図表6.1**の営業ステップ２での活動を効率良く、効果的に行うことができます（**第４章図表4.4**）。

㋐ 案件プランナー（付録2.(2)）

このツールは、営業ステップ２から使い始め、案件機会の評価と案件を成約まで進めるためのアクションを明確にするためのものです。漠然と考えたり勘で行動したりするのでは、案件の芽を育てていくのは難しいものです。

このツールを使うと、成約に向けて何を押さえながら前に進めばよいのかを抜け漏れなくチェックでき、成功への確度を高めるための対策が立てやすくなります。案件プランナーに書いた内容は、営業ステップが進むにつれて更新していきます。

㋑ 顧客価値確認シート（付録2.(4)）

このツールは、解決策（ソリューション）の価値を検討するためのツールです。営業ステップ２では、まだ概要レベルのソリューション・コンセプトですから、定量的なメリットの検討は難しく、主に定性的な価値を記入します。営業ステップが進み、ソリューションが詳細になるにつれて、定性と定量の両面から顧客価値確認シートの記述を更新していきます。

㋒ 意思決定支援シート（付録2.(5)）

このツールは、顧客の抱いている懸念を特定し、それを取り除くための対策を決定するのに使います。簡単なリストですが、明文化することにより、顧客の懸念事項を解消するための対策を忘れて成約間際になってあわてるといった失敗を減らすことができます。また、上司との案件に関する相談にも使用できます。

以上、営業ステップ２で作成するソリューション・コンセプトについて説明しましたが、顧客にとって価値ある解決策を提供するためには、標準的な製品やサービスでは充分ではない場合があります。

顧客の要望に合わせるためには、製品をカスタマイズしたり、製品の機能拡張を開発部門に要望したりする必要が出ることもあります。また、場合によっては、自社製品では間に合わず、他社製品も組み合わせて提供する必要があります。営業パーソンの軸足は、あくまで顧客側です。顧客のためなら、上層部や他部門にかけ合っても最善の解決案を提供しようという気概が必要です。

情報化の急激な進展で、顧客のほうが下手な営業より商品をよく知っている

ことも少なくありませんし、比較的シンプルな商品であればインターネット上で注文できることが当たり前の時代です。

　営業パーソンがこれからの時代、その付加価値を発揮するには、上記のように顧客の期待を上回るための努力が必要です。ただし、顧客に対する価値を最大化するためといっても、営利目的で行っている以上、自社にとって利益が出る解決案でなければなりません。自社のゴーイングコンサーン、すなわち長きにわたって自社を存続させていくことも社会に対する企業の責任だからです。

(2)　営業ステップ2の完了基準

　営業ステップ2では、次の結果を出すことが目標です。これらができた場合は、次の営業ステップ3に進みます。

① 顧客担当者から、ソリューション・コンセプト（ソリューションの方向性に関する素案）に対して同意を得た

② 顧客のキーマンに接触する承諾を得て、これから作成する提案を顧客キーマンに検討してもらえることになった。顧客内の正式な稟議のために、「具体的に提案をしてもらえますか」と言ってもらうのが理想

③ 提案に関連する顧客のキーマンと予算、スケジュール、購買プロセスについての情報を入手した

　上記の完了基準をクリアーできない場合は、営業ステップ1と同様、案件のリスク評価に基づいた提案活動の継続／撤退の決定をします。前出のBANT条件のどれかが明らかに満たされない、あるいは顧客が教えてくれないなどは危険な兆候です。

　たとえば、コンタクト先が顧客キーマンになかなか会わせない、提案したソリューション・コンセプトに対する評価を期日を過ぎても知らせないなどは、危ないサインです。ひょっとすると、あなたの会社は単なる当て馬であって、顧客はすでに本命のベンダー（業者）を決めているのかもしれません。

　戦略的な案件や規模の大きい案件には、複数の顧客キーマンへの根回しをしたり、顧客からの要望に応じて提案内容を何度も修正したりと、どうしても商談にかける時間と労力が大きくなります。また、自分だけではなく、技術チームや営業支援チームなどの多くの人たちの力を借りることもあります。

　そのため、早い段階で危険な兆候は潰すようにし、それが解消されない場合は、傷口が大きくなる前に撤退や優先度を下げる意思決定が必要です。この目利きとアクションの早さが、優秀なベテランとそうではない営業パーソンの成績の違いとなって現れます。

コラム：スペックイン（自社に有利なように顧客の仕様決定に働きかける）

　営業ステップ2の段階では、顧客が複数のベンダー（業者）に対して提案依頼書（RFP：Request for Proposal）を出して、各社を競わせる場合もあります。提案依頼書には通常、課題とそれに対する解決策が必要な範囲や満たすべき機能要件、非機能要件が書かれています。機能要件とは、文字どおり果たすべき機能です。非機能要件とは、信頼性や運用性、セキュリティなどの機能要件以外のものに関する要件です。

　この提案依頼書が出る前に、こちらから課題解決の方針を提案し、自社の強みが出るような内容になれば、競合他社に勝てる確度が高くなります。もっとも強力なのは、顧客の黒子として、こちらが提案依頼書のドラフト作成の代行をし、それを顧客から各ベンダーに出してもらうことです。当然、こちらとしては自社の製品やサービスが選ばれる確度が高まるように、この資料を作成します。こうした顧客と特定のベンダーが結託して行われる出来レースは、少なからずあります。

　このように顧客の要件や仕様の決定に対する働きかけをして、提案が自社に有利な方向になるようにすることを「スペックイン」と呼びます。スペックインは和製英語で、業界によって意味も微妙に違うようです。一般的には、メーカーなどに自社の材料や部品の特徴を訴求し、仕様書や図面にその使用を指定してもらうことの意味合いで使われることが多いようです。

　IT業界では、もう少し積極的な意味合いでこの言葉が使われます。というのも、ITシステムの提案は、その範囲や機能要件、非機能要件、価格、納期など、内容を大きく変え得る要因が多く、自社の強みに活かす余地が多いことから、ベンダーは何とか自社に有利になるようなスペック（仕様）に決めてもらうよう、顧客に働きかけやすいからです。

2．営業ステップ2の成熟度診断

それでは、営業ステップ2の成熟度の定義を見てみましょう。あなた自身、あるいは営業チームの現状レベルはどれに近いのかを選択し、下にある表の該当レベルにチェックを入れてください。

● レベル1
- **状態**：ソリューション・コンセプトは作成するが、その価値を顧客に充分に訴求できない。また、他にどのような選択肢や代替策があり、なぜ、推奨するソリューション・コンセプトが良いのか、明確に説明できない
- **こうなる原因**：顧客の課題や優先度、解決策の評価ポイントを充分に把握できていない。あるいは、本当に説得すべき顧客のキーパーソンが誰かを確認できていない
- **このレベルにいる問題点**：顧客のニーズや評価ポイントをしっかりと把握できていない、あるいは顧客のキーパーソンにしっかりとアプローチできておらず、契約に到る確度が低い

● レベル2
- **状態**：当面の課題に対するソリューション・コンセプトを提言するだけではなく、その価値を顧客キーパーソンに明確に説明できる。ただし、中長期的な将来のあるべき姿に関する提言まではできない
- **こうなる原因**：中長期的に目指すべき、ベストプラクティス（お手本となる技法や業務プロセスなど）や先進事例、技術動向などをよく知らないため、将来のあるべき姿を顧客に示せず、その結果、中長期の視点からの提言はできない
- **このレベルにいる問題点**：将来のあるべき姿に関するビジョンも提供でき、長く付き合えるベンダーという価値を訴える機会を逸している

● レベル3
- **状態**：課題に対する直接的なソリューション・コンセプトの提案に加え、中長期的なあるべき姿とそこに到るロードマップについても提言できる

> あなたの現在の成熟度レベルをチェックしてください
> ☐ レベル1 ★   ☐ レベル2 ★★   ☐ レベル3 ★★★

３．営業ステップ２の成熟度を改善する方法

(1)　（レベル１⇒レベル２）ソリューションの価値を顧客に訴求する

① 顧客の戦略や課題と関連づけてソリューション・コンセプトを説明する

　顧客は、ソリューション・コンセプト自体ではなく、それが自社の課題の解決にどれだけの効果がありそうなのかを知りたいわけです。したがって、顧客の戦略や課題に関係づけてソリューション・コンセプトを説明し、その価値を納得してもらうよう努めます。

　図表6.2は、オフィス業務の生産性向上とコスト削減に関連する４つの課題実現のための IT 化によるソリューション・コンセプトの例です。

図表6.2　ソリューション・コンセプトを顧客の戦略や課題に紐づけた例

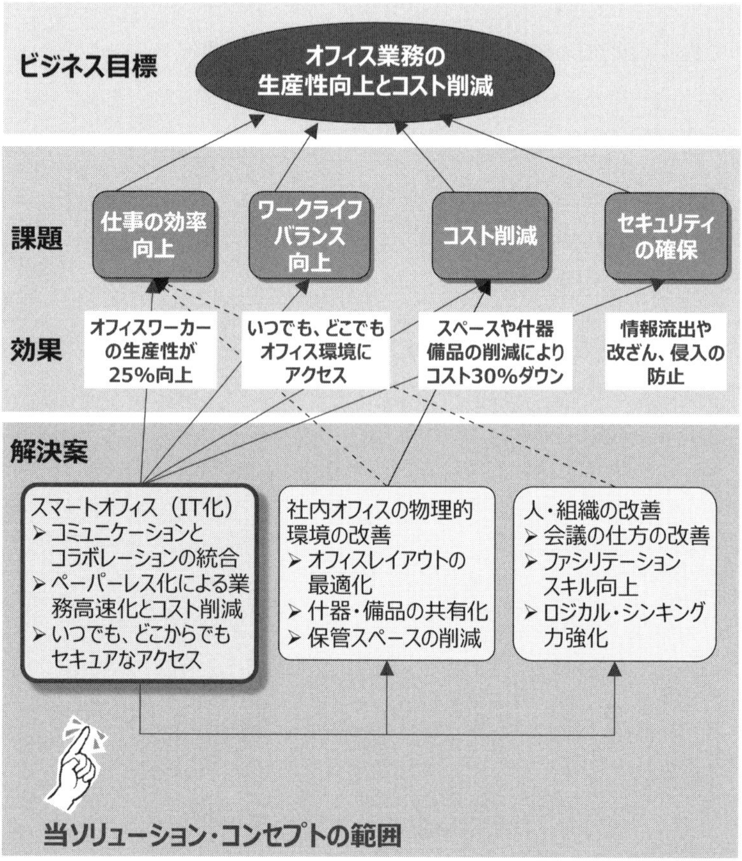

課題に対するソリューション概要だけではなく、具体的にどのような効果を期待できるかを示しています。たとえば、オフィスワーカーの生産性が25％向上し、オフィス・スペースや什器・備品の削減、統合により、コストを30％削減できるなどです。ソリューション・コンセプトの段階では、まだ詳細な情報に基づいた効果の見積もりはできないので、過去の類似事例での効果を参考にしています。顧客の4つの関連課題すべての実現に寄与できるので、このソリューションの付加価値は高いと言えるでしょう。

営業ステップ1で把握した、顧客のビジネス目標や課題と関連づけ、さらに期待できる効果も併せてソリューション・コンセプトを提案すると、顧客は提案内容が自社にとってどういう価値があるのかを理解しやすくなり、顧客担当者が上長や関連部門に説明しやすくなります。また、他の選択肢との比較や競合他社との違いも顧客に説明します。

② 相手に合わせた説明をする

顧客の誰に説明するのかで、ソリューション・コンセプトの説明で強調する点が変わってきます。

経営層向けの説明であれば、企業戦略との整合性や、経営課題にどう貢献するのか、経営レベルでどのような効果が期待できるのかについてフォーカスします。また、経営層が使う言葉のレベルで説明し、細々とした製品の機能の紹介などをして嫌がられないようにする必要があります。

担当者は、社内のさまざまな関心事をもつ関係者に対して、解決策の妥当性を説明しないといけないため、普段の仕事に加えて負荷がかかります。担当者に対しては、相手から要求される前に、相手が社内に説明しやすいような資料を提供し、その負担を減らすことを心がけましょう。

一方、ユーザーは、提案によって現在の業務がどう変わるのか、使いやすいのか、新しい仕組みの導入にどれほどの時間と労力がかかるのかといった点に関心をもちます。したがって、ユーザーに対しては、現場レベルの言葉を使ってわかりやすく説明します。

(2) （レベル１⇒レベル２）顧客のキーパーソンを確認する

　現状がレベル１ということは、顧客のキーパーソンに充分にアプローチできていないということです。第１章の「法人営業の基礎」で説明したように、法人営業では、承認者、意思決定者、評価者、影響者、ユーザーなど、さまざまなキーパーソンが関係し、立場によってそれぞれ判断の観点や役割が変わります。

　最初に、以下の項目を念頭に置いて、意思決定部門とキーパーソンを組織図にマッピングしてみましょう。

- 決裁の仕組みはどうなっているのか？
- 誰の判断で最終的に決まるのか？
- 意思決定にかかわる部門はどこで、どのような人がいるのか？
- 各人の役割は？
- 各人の個人的な目標は？
- 各人は誰に影響されているのか？
- 各人の当社に対する認識は（好意的、ネガティブ、中立）

お客様のキーパーソンは、それぞれの所属組織や職位、キャリアなどに応じて組織人としての目標をもっています。

　たとえば、生産管理変革のソリューション・コンセプトをレビューする生産管理部門の人は、生産効率や在庫最適化の実現可能性を念入りにチェックするでしょう。それに対して品質管理部門の人は、製品の品質の維持・改善ができるかどうかが関心事でしょう。

　さらに、各人は組織人としての目標だけではなく、個人的な目標ももっています。上昇志向の強い人は、ソリューションで実現する業務変革の成果を、自分の評価を上げる手段と考えるかもしれません。逆に、失敗しないことを重視する人は、提案を採用するにせよ拒絶するにせよ、自分の評価がマイナスにならないことを優先します。他には、周囲からの賞賛や尊敬を得ることが大切な人や、新技術への挑戦をして自身の知見を向上させることに大きな価値を見出す人もいます。

　このような情報は簡単には手に入りませんが、こちらに好意をもっている顧客がいれば、その人から聞き出すことから始めます。仕事中だけではなく、休憩中や飲食など非公式な場を利用し、以下のような質問を顧客にしてみましょう。ここで、第３章で説明した基本的なコミュニケーションの力が大事になります。

- 「どうして、あの方がこの重要プロジェクトのリーダーに任命されたのですか？」
- 「あの方は、これまでどういうキャリアを積んでこられたのですか？」

- 「あの方は、これまでどういう成果を上げてこられたのですか？」
- 「あの方が今の役職にあるのは、誰かに目をかけられているためですか？」
- 「誰が、この重要プロジェクトのスポンサーエグゼクティブなのですか？」

図表6.3 キーパーソンを組織図にマッピングした例

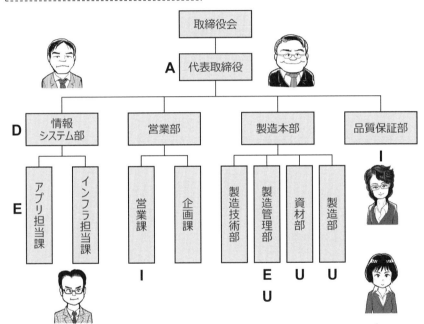

図表6.3は、ある顧客における生産管理システムの提案に際して、キーパーソンを組織図にマッピングした例です。この案件では、IT部門が生産管理システムの企画をとりまとめ、開発や構築、導入、運用を主導しましたが、他にも幅広い人材が参加しました。たとえば、製造本部の生産管理部、資材部、製造部や営業部などです。

顧客の関係者の中で、案件の決定に関してもっとも影響力をもっている人を、「パワースポンサー」と言います。日本企業では多くの場合、承認者は承認するだけで、決定権は部下の意思決定者に判断を委ねています。

この場合、意思決定者がパワースポンサーですが、場合によってはユーザー（ユーザー部門の長）がパワースポンサーになるかもしれません。組織図上の地位は影響力を判断する1つの要素ではありますが、関係者の実際の力関係をよく把握するようにしましょう。

「自分が納得すれば購入するから」と言う顧客ともっぱら商談をしていたら、最後の詰めの段階になって「予算を確保できなかった」とか、「上司を説得できなかったから、今回はあきらめてくれ」と言われることがあります。このような場合は、予算をもっている人、あるいは拒否した上の人が意思決定者や承認者であったわけで、その人たちをカバーできなかったことに失注の原因があります。

また、承認者や意思決定者は、案件の規模や会社の業績の推移などによっても変わってきます。前回の案件と同じだと勝手に決めつけないで、しっかりと確認するようにしましょう。たとえば、前回は200万円の案件だったので、部長の決裁権限で買ってもらえたのが、今回は1,000万円の案件なので、取締役会の決議が必要になるということがあります。また、会社の業績が悪くなり、徹底したコスト削減のため、社内の決裁権限規定が改訂され、役職者の決裁権限が下げられることもあります。

(3) （レベル1⇒レベル2）玄関番に対処する

提案活動を始めると、顧客企業の中にメインとなるコンタクト先ができます。ところが、何回かコンタクトしても、その人以外に会えないことがあります。その人は、自分が唯一のコンタクトポイントになることにこだわり、他の人に会わせないようにしています。ここでは、その人を便宜上、玄関番と呼びましょう。

それでは、顧客が玄関番になる理由と、その対処法について見ていきます。

① 自分が唯一のキーパーソンであると思っており、営業パーソンが他の人へコンタクトする必要はないと考えている

特に複雑ではなく金額も大きくない案件の場合は、実際にそうかもしれません。予算の有無や購買プロセスなどに関するこちらの質問に対し、すぐに回答があったり必要な情報を提供してくれたりすれば、その可能性が高いと言えます。逆にそうではない場合には、他のコンタクトパーソンも紹介してもらえるように依頼する必要があります。ただし、玄関番の人にも交渉プロセスに関与し続けてもらいたいと伝えて、この人から無用の反感を買わないようにしましょう。

顧客が玄関番になる理由を考えて、それに合わせた対処法で突破する

② 幹部を営業パーソンから守る役割をしている

　営業パーソンが直接、キーパーソンに会いに行かないように防波堤の役割をしている人です。私が顧客開拓しようとしていた、ある大きな金融機関でも、水戸黄門を守る助さん・格さんよろしく、2人の次長がしっかりとガードを固めていて、何回訪問してもなかなか部長に会わせてもらえませんでした。こういう玄関番の人に対しては、コンタクトを許可することが、彼らが守ろうとしているキーパーソンの利益になるということを説得する必要があります。

③ キーパーソンにコンタクトを許可すると、自分の影響力がなくなってしまうと思っている

　案件において、自分にパワーがあると感じていたいがあまり、こちらが本来会うべき人になかなか会わせようとしない人もいます。その場合、玄関番の人も購買決定プロセスに関与しているという体で接しながら、キーパーソンにコンタクトします。

④ こちらが価値のある提案をできると思っていない

　こちらの提案に納得しておらず、キーパーソンに会わせるほどもないと思っているのかもしれません。それは玄関番の人が、単にこちらの提案内容を理解していないことが原因かもしれません。あるいは、他の営業マンとの嫌な経験が過去にあったせいで、こちらの会社に嫌悪感をもっているのかもしれません。じっくりと玄関番の話を聴いて、提案に価値がありそうだと思ってもらえる方策を考えます。

⑤ 玄関番は競合他社のほうの肩をもっている

　こちらに好意的な人などから、玄関番に関する情報を得ます。もし、競合他社のほうの肩をもっていて、こちらの商談の進展を妨げる動きをしているので

あれば、玄関番を迂回する方策を考えます。玄関番がキーパーソンの1人である場合、撤退も検討する必要が出てきます。

以上のように、玄関番の人はさまざまな理由でキーパーソンに会わせたがらないことがあります。理由は何であれ、必要なキーパーソンに会えなければ契約には至りません。キーパーソンに会わせてもらえるよう、上記の例のように玄関番の人に対する作戦を練る必要があります。

⑷ （レベル２⇒レベル３）将来へのロードマップを描く

現状がレベル２ということは、顧客の課題に対する直接的な解決案は出せても、中長期的にどうあるべきかの青写真までは描くことができず、したがって、そこに至るロードマップも提示できない状態です。課題解決型営業のプロは、デザイナー住宅の建築家に似ていると思います。顧客のニーズを確認し、場合によっては顧客も気づいていない願望を発掘して、顧客の期待を超える解決策（住宅）を提示します。同様に、単に顧客から聞いた課題に対してソリューションを提案するだけではなく、親身に顧客の立場になって、その期待を超えるような提案をする必要があります。

その一つの方策が、中長期の将来のあるべき姿と、そこに到るロードマップを提案することです。特に、顧客の戦略的または大規模な案件になれば、直近の解決策の提案だけではなく、中長期の将来のあるべき姿と、そこに到る道のりの提案もすべきです。顧客にとっては、今回の投資が単発的なものではなく、将来のあるべき姿を実現する第一歩であるというストーリーが作れ、より戦略的な投資と位置づけることができるメリットがあります。また、業界や技術動向を踏まえ、将来のあるべき姿とそこに至るロードマップを社内で共有できるため、効果的に変革を実行できるようになるメリットもあります。

営業パーソンにとっても、次のような大きなメリットがあります。

メリット１：将来のあるべき姿とそこへのロードマップを顧客と共有でき、直近の案件（プロジェクト）が終わり次第、それに従って次の案件の営業に入れる

メリット２：顧客が社内で稟議を通すための支援ができ、提供できる付加価値をより増やせる。また、こちらの先見の明や技術力を示すことで、顧客の信頼が深まる

メリット３：中長期的な視点での提言も併せて行って顧客の期待を超えることは、一般的なベンダーはなかなかできない。したがって、競合他社との差別化ができる

それでは、将来のあるべき姿を描き、そこに到るロードマップを提言する方法を、例を交えながら説明します（**図表6.4**）。

図表6.4　中長期のロードマップ作成法の概要

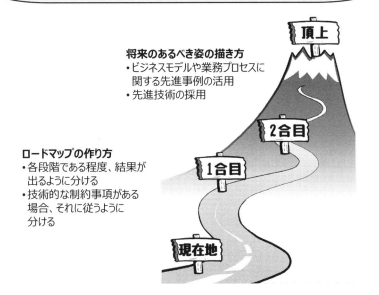

① 将来のあるべき姿の描き方

　課題に対する直近のソリューション提案ではなく、中長期的な視点での提言も併せてできるようになるためのポイントは、顧客に対して説得力のある、将来あるべき姿が何かを考えることです。それさえわかれば、あるべき姿を実現するためのロードマップを作るのは比較的楽になります。

　将来のあるべき姿を考えるためには、次の２つの有効な手段があります。
　㋐　ビジネスモデルや業務プロセスに関する先進事例の活用
　㋑　先進技術の採用

㋐ ビジネスモデルや業務プロセスに関する先進事例の活用

タイムマシン経営という言葉があります。これは、ある先進国で成功したやり方が、後発の国でもいずれ有効になるという仮説に基づいて、後発の国にそれをいち早く導入することで成功の確度を高めるやり方です。これも先進事例の活用の例と言えます。

ソリューション提案にあたっても、顧客の予算や体力を考え、直近ではここを目指すべきではあるが、中長期的には業界で最先端を走れるようなビジネスモデルや業務プロセスを実現することが顧客にとってベストである、という仮説を立てます。その仮説に基づき、業界のベストプラクティスを調べて、将来のあるべき姿を設定します。

ベストプラクティスとは、ある結果を得るのにもっとも効率の良いやり方のことで、お手本や最良の事例のことです。たとえば、先進企業の成功事例や、業界でもっとも優れていると考えられる業務プロセスやビジネス・ノウハウなどです。

ベストプラクティスは固定的なものではなく、時代の変遷によって進化していきます。製造業を例にとると、1980年代には米国の製造業はふるいませんでしたが、日本の製造業は絶頂期にありました。トヨタ自動車の生産方式であるジャストインタイムなどが世界でも注目されるようになりました。その頃、米国は日本の後塵を拝することに甘んじることなく、国家的な取り組みとして日本などの海外の先進事例を学び出しました。それは、単にものまねではなく、標準化やIT技術の活用なども推進されました。その結果、1990年代にはさまざまな強力な生産管理のソフトパッケージを生み出せるようになりました。そうすると、今度は日本企業がそれらを学び、先を争って導入するようになりました。

この例のように、時代の流れによってベストプラクティスは変わっていくのです。また、どのような企業にとっても、これが最善、ベスト・オブ・ベストというのはないのが普通です。企業が何を自社にとってのベストプラクティスと見なすかは、以下のようにその企業の特性や課題により変わってきます。

- 企業の戦略、組織文化、規模、財務体力
- 技術領域、スキルレベル
- 業務プロセスの特性
- 顧客やパートナーの要求

たとえば、大企業にとっては、網羅的かつ詳細なベストプラクティスが大部の資料となってまとめられているものを導入する意味があっても、中小企業にとっては過剰であり、そこまでは必要がないということがよくあります。

図表6.5 業務プロセス変革のためのベストプラクティス活用の流れ

ベストプラクティス活用の目的の確認

- 達成すべきプロセスの改善目標を立てる
- プロセスに関する課題を実現するための手段を識別する
- 業界他社とのベンチマーキングをする

利用するベストプラクティスの選択

- 業界および企業の特徴が似通っている
- 達成すべき目標が似通っている
- プロセスに関する課題に類似性がある
- 現状のプロセスの成熟度が似通っている

ベストプラクティス活用による効果の設定

- 自社の知見やスキルだけでは到達できないレベルを目指せること
- 先行事例を参考にすることで、効率良く改善を行えること
- 改善を達成したときの効果を予想できること

図表6.5は、企業が業務プロセスの変革を行うにあたって、自社にとって有用なベストプラクティスを選択し、活用する流れを示しています。ベストプラクティスは、業界団体や官公庁、あるいは調査会社、シンクタンク、大学の研究者などが調査結果としてまとめて公開していますので、そういうものを探して参考にすることから始めるとよいでしょう。

ベストプラクティスを調査して、それをもとにあるべき姿を描くよりも簡便な方法は、競合他社をベンチマークする方法です。ベンチマークとは、元々測量における基準点の意味ですが、ビジネスの世界では他社の優れたところを参考にし、自社の経営や業務プロセスの改善に活かす手法です。

たとえば、**図表6.6**は、小売業の会社が将来のあるべき姿を描くにあたって、ライバル企業に対する自社の強み、弱みを把握するために使用したベンチマーク用ワークシートの抜粋です。この分析を行い、現在の強みはそのままに他社に遅れをとっているところが改善できているというあるべき姿を設定しました。

図表6.6　小売業でのベンチマーク用ワークシート（抜粋）

評価
◎：はるかに優れている（業界トップレベル）
○：優れる（業界上位レベル）
△：特に競争力はない（業界平均レベル）
×：かなり劣っている（業界下位レベル）

	評価項目	自社		競合他社X社		評価に関するコメント
		評価	メモ	評価	メモ	
商品	品揃えの幅					
	品揃えの深さ					
	一貫性					
	ストアブランド					
	独自商品					
販売	接客力					
	販売技術					
	顧客管理					
	IT活用					
店舗						
⋮						

(イ) 先進技術の採用

　技術に関係が深い課題の場合、将来のあるべき姿を描くのに、先進技術をどれだけ採用するのかという切り口で考える方法もあります。顧客の業界や業種に応じて、さまざまな技術革新や新しいシーズが生まれ続けています。

　たとえば、人工知能やロボットの活用は、まだごく一部の大企業や先進企業で始まったばかりですが、これが遅かれ早かれ、将来的にあらゆるところに普及し始めることは想像にかたくありません。このような技術的シーズを将来活用するとしたら、どのような将来像が考えられるのかを検討します。

② ロードマップの作り方

以上のようにあるべき姿を設定したら、次にそれを実現するためのロードマップを作成します。この策定にあたっては、次の3つのことを考慮をします。

㋐ 各段階が意味のあるような区切りに分ける

たとえば、3段階や4段階を経て、あるべき姿を実現するというロードマップを策定する場合、どの段階もそれぞれ、売上増加やコスト削減など、何らかの効果が出るような区切りに分けます。あるべき姿を目指すといっても一般的な企業では、5年も10年もかけてすべてが完了しないと結果が出ないという計画は現実味がありません。

さらに、顧客企業の体力も当然頭に入れないと、実行可能性のない無意味なロードマップになってしまいます。ロードマップをいくつかの段階に分けるときは、予算や人的資源、有形、無形の保有資産などについても考慮する必要があります。

体力だけではなく、リスクの観点からも何段階かの区切りに分ける場合もあります。たとえば、ある一部の組織でパイロット的に実施し、最初に出がちな問題点をつぶし、次の段階で日本国内の事業所全体に広げ、最後の段階で海外子会社に広げるというアプローチです。

㋑ 技術的な制約事項に従う

一般的に先進技術は、一朝一夕に使いこなせるようになるわけではなく、段階的に技術を高度化していく必要があります。技術的に、Cを実現する前にはBができていないといけない、Bを行う前にはAができている必要があるという技術的制約があれば、A⇒B⇒Cの順で高度化をする必要があり、そのようにロードマップを作成します。

たとえば、ITシステムにはサーバーとよばれるシステム基盤があります。サーバーの仮想化技術は1970年代からメインフレーム・コンピューターで実用化されていましたが、いわゆるオープン系サーバーでの活用が始まったのは、2000年代からでした。

したがって、仮想化技術が一般企業でも利用できると認識され始めたのは、その頃からでした。当時は、この仮想化という先進技術を顧客のオープン系サーバーに使おうとしても、一朝一夕に実現することは難しいため、数年かけて実現するロードマップを作り、それを提案することがよく行われました。

図表6.7 サーバー仮想化のロードマップの例（概念図）

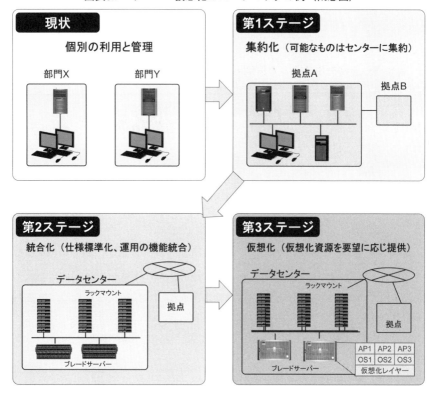

　たとえば、最初は顧客企業の中でさまざまな場所に散在しているサーバーを物理的に集約化することを第1ステージとし、次の第2ステージでは標準化やシステムの運用管理の統合化を行い、最後の第3ステージで仮想化を行うというロードマップです（**図表6.7**）。

(ウ) 優先度に従って段階を並べる

　複数の段階を経てあるべき姿を実現するというロードマップを作るとき、どの順番で行うのかは優先度に従って決めます。一般に、優先度は緊急性や効果、負荷（実施の大変さ）によって判断します。

　たとえば、大きな労力をかけずに（負荷が低く）、高い効果が期待できるものを、外資系企業では low hanging fruit（低いところにぶら下がっている果実）と呼びますが、これから手を付けるというのも優先度の考え方です。

緊急性に基づく優先度の例としては、社長から直々に命令が出ている、あるいは、官公庁からコンプライアンスに関する至急の対応が求められているなど、とにかく今すぐやらないといけないものを最初に行うといったものです。

図表6.8　中長期のロードマップ提案の例

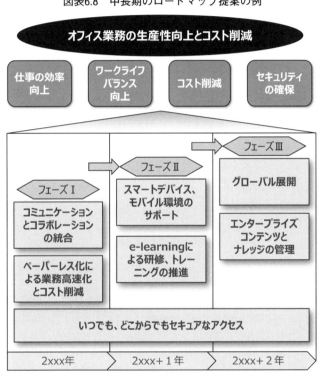

　図表6.8はロードマップの例で、オフィスの生産性を向上させるためのソリューション・コンセプトを簡略化したものですが、顧客の人的資源や財務力の余裕度などを考慮して、その実現は3段階に分けて、3年であるべき姿を実現するというロードマップになっています。
　このロードマップでは、フェーズ3が完了するまで3年待たないと効果が出ないのではなく、フェーズ1も2もそれぞれ導入が終われば一定の効果が出せることを狙っています。このことにより、顧客がオフィス環境の変革のモチベーションを維持し続けられるように工夫をしているのです。

第6章のまとめ

ポイント

◆ いきなり詳細な解決案を作成する前に、ソリューション・コンセプト（概要レベルの解決策）を作成し、顧客の感触を確かめることが重要

◆ 対象範囲や解決方針の設定の仕方次第で、提案するソリューションの内容は大きく変わるため、解決案作成前に顧客としっかりとすり合わせる

◆ 解決策（ソリューション）の効果を顧客の戦略や課題と関係づけをしながら説明する

◆ 承認者、意思決定者、評価者、影響者、ユーザーなど、キーマンは誰か、彼らの関心事は何かを把握して、相手に合わせてソリューション・コンセプトの説明をする

◆ 案件プランナー、顧客価値確認シート、意思決定支援シートなどの営業ツール（付録参照）を活用して、効率的、効果的に営業ステップ2の活動を進める

チェックリスト

☐ 詳細提案に入る前に、まずソリューション・コンセプトや選択肢を顧客に提示し、その思いとのすり合わせをするようにしている

☐ ソリューション・コンセプトの内容として、①対象範囲、②解決策の概要、③他の解決選択肢や競合他社との比較、を含めるようにしている

☐ 競合に関する情報や顧客のベンダー（業者）の評価ポイントを必ず把握するようにしている

☐ ソリューション・コンセプトが顧客のビジネス目標や課題の実現にどう貢献するのか、明確に説明できる

☐ 主となる意思決定者や課題を実現するとメリットを受ける受益者、承認者、ユーザーなどキーマンを把握している

7

営業ステップ3
で
勝てる
提案内容を
固める

「無理に売るな。客の好むものも売るな。客のためになるものを売れ」

——松下幸之助
パナソニック（旧松下電気産業）創業者

1．提案ソリューションを最終化する活動の概要

⑴　営業ステップ3の活動の狙い

　営業ステップ2での提案内容の方向性についての合意に引き続き、営業ステップ3では提案内容を詳細化し、提供する機能や性能、効果、提供時期、正確な費用などを明確にします。営業ステップ4の契約書にサインをもらう段階にグンと近くなります。このステップでは、ソリューションの価値と投資対効果を顧客に納得してもらうことがもっとも大切になります。

　営業ステップ3での活動の中身は、主に3つあります（**図表7.1**）。

　1つ目は、ソリューション提案内容を詳細に詰め、提案価値を高めることです。機能や性能、品質、価格、納期などに関する顧客のレビューを受けながら、提案内容を改善します。購買の意思決定者の意向はもちろん、キーパーソンであるユーザーや影響者（インフルエンサー）などの要望にも応える必要があります。顧客からのテクニカルな質問に関しては、技術チームの支援などを得て、顧客の理解が深まるように回答します。

　2つ目は、競合他社に対する優位性を確保するため、戦術を適宜修正することです。競合他社の提案の動きや顧客のベンダー評価ポイントの変化などに目を配り、顧客キーパーソンの中で競合他社を支持している人は誰かなどを把握し、優位な立場になるための対策を遅滞なくとります。

　3つ目は、例外的な契約条項がある場合、顧客の契約・購買部門と交渉して、その承認を得ることです。契約書の締結を目指すのは営業ステップ4ですが、営業ステップ3で契約書を顧客に見せることで、顧客から見て例外的な内容や手続き（たとえば、契約に必要な公的機関発行の書類）の有無を確認することができます。標準的な契約書が使えず、例外的な契約内容を含む必要がある場合には、顧客の契約担当者とすり合わせます。法務部門や弁護士などを巻き込むケースは時間がかかることもあるため、契約間近であわてなくても大丈夫なように早めに行います。また、契約書を事前に見せることも、契約の準備だけではなく相手の本気度を確かめるのにも役立ちます。

第7章 営業ステップ３で勝てる提案内容を固める

営業ステップ３
（最終提案）
提案ソリューションの最終化

図表7.1 営業ステップ３の概要

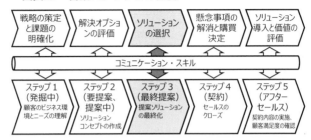

顧客の活動	・ソリューションを選択する
営業パーソンの活動	・ソリューション提案内容を修正し、提案価値を高める ・競合他社に対する優位性を確保するため、戦術を適宜修正する ・顧客キーマンに最終提案を効果的にプレゼンテーションする ・例外的な契約条項があれば、顧客の契約・購買部門と交渉し、承認を得る
活動の成果	・顧客キーマンと、ソリューションとその価値について合意した ・契約締結のための条件を顧客から得た
使用するツール **（付録参照）**	・アカウントプラン ・案件プランナー ・案件進捗チェックシート ・顧客価値確認シート ・意思決定支援シート

提案のプレゼンに大切なものは
・信頼感
・情熱
・論理性

こうした活動を行う中で、営業ステップ２で作成した案件プランナー（**付録2.(2)**）を更新します。すなわち、営業ステップ３の活動で新たにわかった顧客の要望やキーパーソン、競合相手に関する情報などを案件プランナーに反映し、案件を前に進めるためのアクションプランを立てます。

同様に、営業ステップ２で作成した顧客価値確認シート（**付録2.(4)**）も更新します。営業ステップ２では定性的な効果しか書けないことがほとんどですが、営業ステップ３では顧客からの詳細な要件などに基づいたソリューション提案の中身の最終化に合わせて、できるかぎり定量的な効果も明確にします。これが顧客の関心事を満たす一番のポイントになるはずです。

さらに、営業ステップ２で作成した意思決定支援シート（**付録2.(5)**）も更新します。これは、顧客の抱いている懸念を特定して取り除くためのアクションを決定するツールですが、営業ステップ３でその内容を確認して、ステップ４の契約に向けて的確なアクションをとるようにします。

この営業ステップでも、案件のリスクを評価する必要があります。くどいようですが、BANT条件、Budget（予算感）、Authority（決済者、キーパーソン）、Needs（必要性）、Timeframe（導入時期感）が満たされているか、チェックします。

営業ステップ３の段階になってもBANT条件のすべてがしっかりと満たされていないのであれば、ゆゆしき事態と言ってもよいでしょう。顧客とこちらの双方にとってWin-Winな商談になるかどうかを慎重に見極めます。最悪の場合、撤退の決断を下さざるを得ない場合もあります。

(2) 営業ステップ３の完了基準

営業ステップ３が完了したかどうかの判断基準は、次の２点ができたかどうかです。これらができた場合は、いよいよ営業ステップ４に進んで契約締結を目指します。

① 顧客キーマンと、ソリューションとその価値について合意した。当然、この合意がなければ契約には至らないので、獲得は必須。ただし、このステップでは条件付きでの承認でも差し支えなく、それは営業ステップ４で解決する

② 契約締結のための条件を顧客から得た。標準的な契約条項ではないものが含まれていると合意に時間がかかることがあるため、内容をよく確認する

２．営業ステップ３の成熟度診断

　営業ステップ３の成熟度の定義を以下に説明します。あなた自身、あるいは営業チームの現状レベルはどれに近いのかを選択し、下にある表の該当レベルにチェックを入れてください。

● レベル１

➤ **状態**：営業ステップ２で作ったソリューション・コンセプトの詳細化はできるが、それが顧客にとってどういう価値があるかをしっかりと伝えきれず、顧客の疑問や不安の解消を充分にできない

➤ **こうなる原因**：ソリューションに対し、顧客が重視している要件や提案に対する疑問や懸念点を充分に把握できていない。あるいは、内容的には価値があるソリューションであっても、それを顧客に対するプレゼンテーションなどでうまく伝えきれていない

➤ **このレベルにいる問題点**：顧客からすると、提案ソリューションが自社の要望に合致しているかどうか、あるいは懸念点が解消されているかどうかが定かではなく、契約締結に進められる確率が低い

● レベル２

➤ **状態**：提案ソリューションの価値の説明および顧客の疑問点や懸念の解消もできている。ただし、顧客の期待を超えるようなソリューション提案まではできない

➤ **こうなる原因**：顧客の想定期待を知らない、あるいは期待値をむやみに上げてしまっている。または、顧客の期待を超える方法がわからない

➤ **このレベルにいる問題点**：仮に契約をもらえることになっても、顧客は本当には満足していない。そのため、固定客にはなってもらえず、追加の案件の獲得や長期的なリレーションの構築などに関して有利な立場になれない

● レベル３

➤ **状態**：顧客の期待を超える提案ができ、顧客の評価や満足度が高い

あなたの現在の成熟度レベルをチェックしてください

☐ レベル１ ★　　☐ レベル２ ★★　　☐ レベル３ ★★★

3．営業ステップ3の成熟度を改善する方法

(1) (レベル1⇒レベル2) ソリューション提案の価値に説得性をもたせる

普通の説明と提案のためのプレゼンテーションの違いは何でしょうか。説明では情報を伝えるだけですが、プレゼンテーションの目的は、聞き手にこちらが望む行動をとってもらうことです。この場合、契約の決断に向けて心を動かしてもらうことです。

提案のプレゼンテーションにあたっては、このことをよく意識する必要があります。どんなに提案内容が良くても、それが顧客に効果的に伝えられなければ意味がありません。心のどこかに「こんなに良い内容なのだから、わかってくれるはず」とか、極端な場合、「わからないのは相手がダメだから」などと思っていては、到底良いプレゼンテーションはできません。

相手にどれだけ内容が伝わるかは、提案内容そのものと伝え方の掛け算です。図表7.2の例を見てください。この例では、A社のほうが本当は提案内容が良かったのですが、プレゼンテーションがB社よりも劣っていたために、顧客はB社の提案のほうが良いと評価し、A社の提案は採用されませんでした。

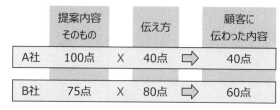

図表7.2　顧客が受け取る正味の提案内容

このように、提案の内容を良くするだけでなく、その伝え方にもベストを尽くす必要があります。伝え方については、大事な要素が3つあります。

① **信頼感**：「この人は信頼できる」と思える人の説明でないと、どんなに良い内容であろうと説得性はない
② **情熱**：熱意、やる気の感じられない説明は聞き手の心に響かない
③ **論理性、わかりやすさ**：顧客の理解を助けるためには、説明の筋道が立っていて相手がわかる言葉を使う必要がある

① 信頼感

　顧客のビジネス環境を理解し、課題の明確化を支援する活動は、その信頼を得るのに役立ちます。「これだけ、我が社のことをわかってくれているのだから、ソリューション提案の内容をよく聴いてみようか」と顧客に思ってもらえます。この活動は主に営業ステップ１で行いますので、ここが充分にできていない場合は、営業ステップ１に戻る必要があります。

　また、第３章で、人が受ける印象に関して「メラビアンの法則」を紹介しました。すなわち、以下のように非言語的な要素の影響の割合が大きいというものです。

- 話の内容……………………………… 7 ％
- 声や抑揚、口調などの音声系……38％ ⎫ 話の内容以外 93％
- ボディー・ランゲージ……………55％ ⎭

　提案のプレゼンテーションにおいても、落ち着いた仕草や自信ありげな表情、視線などができているかどうかに気をつけることが大切です。「これだけ顧客のためにソリューションを考えたのだから、きっとうまくいく」とか「あれだけプレゼンテーションの練習をしたのだから、必ず上手に説明できる」と思えるまで努力をすることが、自信を生み出します。

　さらに、プレゼンテーションの時間管理がしっかりとできるかどうかも信頼感に影響を与えます。終了予定時間を過ぎても、まだ延々とプレゼンテーションをしているようでは、こちらの能力に対して顧客が疑念を抱き、「このような会社の提案を採用しても大丈夫だろうか」と思われかねません。

　顧客からの質問に回答する時間も考慮して、言いたいことを時間内に伝えることができるよう、事前に充分にリハーサルをして、自信をもってプレゼンテーションに臨むようにしましょう。

② 情熱

　顧客のビジネス成長や業務改善に貢献したいという熱意を示すと、相手もこちらの提案を真剣に聴いてくれるものです。この熱意をもつ秘訣は、自社の製品やサービスを売り込むことばかり考えずに、顧客に興味をもつことです。

　営業ステップ１で説明したように、顧客の悩みやニーズを、我がことのように捉え、当事者意識をもつことができれば、自然と顧客にとって良い提案をしようと思えるはずです。そうすることで、商品やサービスを何が何でも売りさえすればよいという営業方法よりも、かえって買ってもらえる確率はより高くなります。

③ 論理性、わかりやすさ

　論理的でわかりやすいプレゼンテーションを行うための最重要事項は、内容をデザインし、作成し、練習することです。この準備がプレゼンテーションの成否の8割を占め、本番は2割程度だと思います。「あの人が上手にプレゼンできるのは、才能が違うから」と思うのは間違いです。

　デザインでは、「誰に」、「何を伝え」、「その結果、どういう変化を相手に起こしたいのか」を明確に定義します（**図表7.3**）。顧客の経営改革や業務変革の実現を図る戦略的なソリューション提案では、上位役職者が対象になりますが、一般にポジションが上の人ほど忙しく、せっかちです。急用が入り、プレゼンテーションの予定時間の短縮を求められることもあります。

図表7.3　プレゼンテーション・ストーリー作成用テンプレート

ストーリー作成のためのキーポイント	記入欄
誰に対するプレゼンか	流通業の本社営業部長と総務部長
相手のプレゼンに対する期待	本社ビルでのオフィス業務の生産性向上とオフィス関連のコスト削減　　記入サンプル
自分は何を伝えたいか	・仕事の効率向上、ワークライフバランス向上、コスト削減に関して定量、定性両方のメリット ・企業の社会的責任としてセキュリティの確保もできる ・今回の提案だけではなく、3年先のあるべき姿とそこへのロードマップまでをも考えている
納得させられる根拠、証拠は何か	・企業規模、業態が似ている他社での事例 ・市場調査会社による当社ツールに対する高い評価
プレゼンの結果、相手にどういう変化を期待するか	当社の製品を活用したオフィス・ソリューションを採用いただくこと

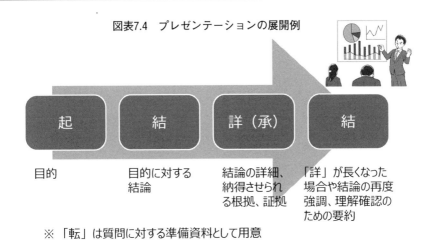

図表7.4　プレゼンテーションの展開例

※「転」は質問に対する準備資料として用意

　一言で言うと、何の提案なのか、相手にとってのメリットは何か、何をしてほしいのか、がすぐに言えることが重要です。そのため、**図表7.4**のように結論を先に言うプレゼンテーションの展開が一般的には有効です。具体的には、顧客のビジネス環境や戦略・方針、課題と提案ソリューションとの関係が論理的につながっていることを示す必要があります。そのためには、営業ステップ1でそれらをしっかり把握できている必要があります。まだ不明確だと思う場合は、営業ステップ1まで戻って固め直したほうがよいでしょう。

　また、キーパーソンは通常複数人存在し、それぞれ関心事が異なります。ここを押さえることも大切です。こちらが話したいことを説明するのではなく、営業ステップ2の活動の中で把握した、聞き手の関心事や評価ポイントを念頭に置き、「聞き手にこちらが望む行動をとってもらう」ためのロジカルなプレゼンテーションをする必要があります。

　課題に対するソリューションの価値を訴求するだけでなく、なぜ他の案より良いのかも明確に説明する必要があります。営業ステップ2のソリューション・コンセプトの作成の中で行った他の選択肢との比較検討や、競合他社に対する優位性の明確化の結果をもとにして述べます。

　また、契約締結に向けて顧客の背中を押すためには、使用イメージや導入イメージをもってもらう工夫をすることが効果的です。たとえば、IT活用によるオフィス環境の改善の場合、見たことも使ったこともない顧客に、言葉や絵だけでコミュニケーションや情報共有ツールの良さを理解してもらうことは困難です。そのような場合、デモやお試し使用、先進企業での事例見学などにより、具体的な使用方法やメリットを示して、顧客の購買意欲を高めます。

⑵ （レベル２⇒レベル３）顧客の期待を超える

　営業努力の結果、製品やサービスが売れたとすれば、もちろん喜ばしいことですが、顧客は本当に満足しているのでしょうか。満足していなければ、今回は売れたとしても、固定客になってもらえるとはかぎりません。

　顧客満足度が高ければ、今後リピートオーダーやクロスセル、アップセルを狙いやすく、新規顧客開拓よりはるかに営業効率が良くなります。また満足してもらえれば、ホームページやパンフレットに掲載する事例になってもらえたり、他の顧客を紹介してもらえたりすることも期待できます。

　ある調査では、「満足した顧客は、そのことを平均16人に語る」という結果が出たそうですが、どのようなPRよりも、満足した顧客が自ら語る言葉の力にはかないません。このように、顧客の期待を超える解決策を提供することで満足度を上げることができれば、そのメリットには大きなものがあります。

　顧客はベンダー（業者）からの提案を聞くとき、当然何らかの期待をもっています。「こんな解決策が欲しい」とか「多分、この程度の提案だろうな」といった顧客があらかじめ想定する期待を「想定期待」と呼ぶとします。期待を超える提案とは、この「想定期待」を超える提案のことです。こちらの提案したソリューションが、顧客の想定していた以上のものであるときは、顧客は満足し、それ以下であれば、落胆してしまいます（図表7.5）。

図表7.5　顧客の期待を超える提案とは

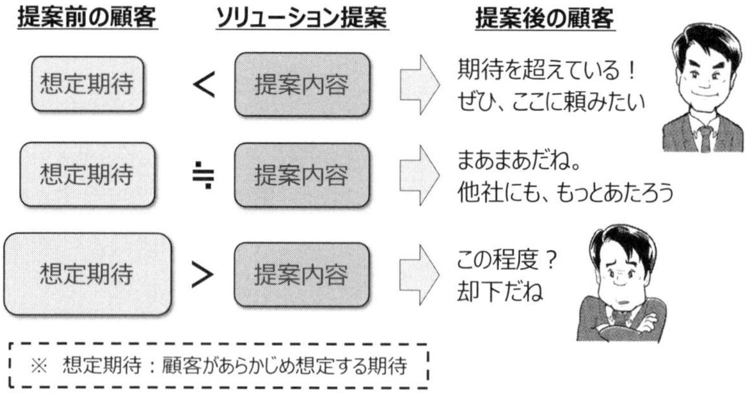

では、顧客の設定期待を上回るために何をすればよいでしょうか。それには、次の3つの対策をとります。

① **顧客の想定期待を知る**
② **想定期待をむやみに上げない**
③ **想定期待を超える提案を作る**

以下、順に説明していきます。

① 顧客の想定期待を知る

　営業ステップ1では顧客の課題発見や明確化の支援を行い、営業ステップ2では課題に対する解決策に関する要件や制約事項を顧客と確認し、ソリューション・コンセプトを作成して提示しました。したがって、それらの活動を通して顧客の反応を見れば、解決策にどの程度の期待をもっているのかの判断ができるはずです。もし、よくわからない場合は、営業ステップ1、2に戻って確認したほうがよいでしょう。

　ここで注意することは、意思決定者、承認者、ユーザーなど、キーパーソンの立場や役割によって顧客の想定期待値は違うため、それぞれの期待値を知る必要があるということです。

② 想定期待をむやみに上げない

　契約を獲得したい一心で、できそうもないことを言うことは厳禁です。当初、そのようなことを言っても、商談が進むにつれて提案内容が詳細化し、実現する可能性が低いと顧客に判断されると逆効果で、信頼を失います。今や顧客も、インターネットをはじめ、さまざまなソースから情報を得られるので、誇大な提案は見抜かれる可能性が大です。

　また、顧客の想定期待値をなまじ上げてしまった後、それを実現する解決策を提供できないことが判明すると、期待値はドスンと下がってしまいます。そのため、顧客の落胆は大きく、営業パーソンに対して怒りの気持ちさえもつかもしれません。これでは、契約をもらえなくなってしまいます。そうかといって、期待値を下げすぎても、提案能力がない、あるいは競合他社よりも劣っていると判断されてしまい、契約まで至りません。

　このように、顧客の期待値を適切なレベルに管理するのも、営業パーソンの大事な役割なのです。

③ 想定期待を超える提案を作る

　上記のように、顧客の期待値をむやみに上げず、さりとて下げすぎても良くないため、適切なレベルに管理したうえで、どうすれば顧客の期待値を超える提案ができるでしょうか。例をいくつかこれから紹介します（**図表7.6**）。

　どの例でもそうですが、初めから「このような提案をします」と言うと、顧客に手の内を明かすことになるため、得策ではありません。顧客には普通の提案をするのだろうと思わせておいて、タイミングを見計らって「実はこんな提案ができます」とサプライズ的な要素を入れたほうがうまくいきます。

●事例１：顧客の言う課題を鵜呑みにしない
【顧客の想定期待値】
　「こちらから伝えた課題に対してのみ、ベンダーは解決策を提案してくるだろう」

【期待を超える提案の例】
　顧客から伝えられた課題だけではなく、真の課題や関連する課題についても取り組むべきことを提言し、解決策を提案することで顧客の期待値を超えることができます。一見難しく感じるかもしれませんが、第５章（営業ステップ１の活動）の中で説明した課題の発見・確認方法を参照してください。

　私の経験では、顧客から最初に聞いた課題が、最後までそのとおりだと思えることのほうが少ないくらいです。たとえば、経営者から現場の担当者に課題があるという相談であっても、よく調べてみると経営者自身の課題も同様に、あるいはそれ以上に大きいことを発見することが頻繁にあります。

　これらのケースの中には、「社内での立場上言えなかったが、社外の人間として客観的に課題を指摘してもらえて良かった」と顧客から感謝されたこともあります。この方は、上層部の課題認識に疑念をもち悶々としていましたが、しがらみのない外部の人間の立場から課題に対する疑問を明確にしたことで、大変喜んでくれました。

●事例２：将来のあるべき姿も語る
【顧客の想定期待値】
　「直近の解決策だけを提案するのだろう」

【期待を超える提案の仕方】
　特に頼まれなくとも、直近の解決策だけでなく、第６章で説明した営業ステッ

図表7.6 顧客の期待を超えるための視点例

【顧客の想定期待値】　　　　　　【期待を超える提案の視点】

- 「こちらから伝えた課題のみ、　⇒ ● 顧客の言う課題を鵜呑みにしない
  ベンダーは解決策を提案して
  くるだろう」

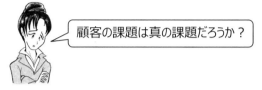

- 「直近の解決策だけを提案　　　⇒ ● 将来のあるべき姿も語る
  するのだろう」

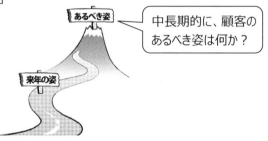

- 「標準の製品やサービスを　　　⇒ ● つるしの服だけを勧めない
  提案してくるのだろう」

- 「製品ベンダーだから製品の　　⇒ ● 顧客にとってのトータル
  提案だけをするのだろう」　　　　 ソリューションを考える

プ2の成熟度3レベルの達成方法のように将来のあるべき姿を提言し、そこへ至るロードマップも提案すれば、顧客の期待以上の付加価値を提供できます。

なぜなら、今回の解決策用の投資が一過性のものではなく、将来のあるべき姿を実現するための第一歩に位置づけられるからです。このようなストーリーが描ければ、投資に関する社内稟議を通しやすくするとともに、将来のビジョンを顧客内で共有でき、ソリューション導入を推進しやすくなります。

筆者は、顧客にITシステム基盤に関する直近の改善提案だけではなく、中長期にわたるロードマップをCIO（Chief Information Officer）やIT部長に提案した経験が数多くあります。顧客には、提案したロードマップの採用と、長期にわたる大きな契約をいただけるとともに、「これまでは、どこのベンダーもこのような提案をしてくれなかった」と大変感謝されるという営業冥利に尽きる経験をしたことが何度もあります。

●事例3：つるしの服だけを勧めない
【顧客の想定期待値】
「標準の製品やサービスを提案してくるのだろう」

【期待を超える提案の仕方】
　顧客のニーズや機能要件などに、こちらが提供する標準の製品やサービスがぴったり合わないのであれば、カスタマイズして顧客にできるだけ合わせて提案します。スーツを買うとき、つるしの服では満足できない顧客が、自分にぴったり合うものをオーダーメイドで求めるのと同じです。

　ただし、カスタマイズが難しいことも少なくありません。汎用製品や標準サービスにないものを追加するため、価格が高くなります。また、標準製品がバージョンアップされたり、次世代のラインとして大幅に変更されたりすると、カスタマイズで追加・修正した機能との整合性をとるために、再度開発が必要になるか、整合性がとれなくなる恐れもあります。

　たとえば、私があるアプリケーション・ソフトをカスタマイズしようとした時、セキュリティの脆弱性をなくすために標準ソフトウェア製品がバージョンアップされても、カスタマイズしたものにはそれが適用できない事態になる恐れがあったため、カスタマイズすることを止めたことがあります。

　このように、カスタマイズが本当に必要であり、顧客のためになるのかを慎重に見極める必要があります。たとえば、顧客の業務プロセスに合わせるためにカスタマイズが必要という場合、逆に業務プロセスを変更したほうが顧客のメリットが大きいと判明することもあります。あるいは、カスタマイズを行っ

て価格が高くなっても、顧客の費用対効果は改善されるため、正当化できることもあります。

カスタマイズが顧客にとって本当にベストであれば、社内の製品やサービスの企画・開発や製造部門にコンタクトし、カスタマイズをした製品やサービスを開発してもらいます。社内から「なぜカスタマイズするのか」と反発の声が上がるかもしれませんが、顧客のために社内を説得する必要があります。

● 事例４：顧客にとってのトータルソリューションを考える
【顧客の想定期待値】
「製品ベンダーだから製品の提案だけをするのだろう」

【期待を超える提案の仕方】
顧客の課題に対してソリューションを提案するのに、自社の製品やサービスだけで解決できるとはかぎりません。いや、そのほうが少ないかもしれません。たとえば、オフィスで働くホワイトカラーの人たちの生産性を向上させるために、コミュニケーションや情報共有のためのITツール（例：グループウェアやストレージ・クラウド）を導入さえすれば、それが即実現できるというわけではありません。

顧客にITソリューションを導入し、それを根づかせるためには、ITツールの採用だけではなく、社員のITリテラシーの向上や、情報共有を促進させるためのフラットな組織体制の導入、会議の仕方の変更、オフィスレイアウトの見直しなども考える必要があるかもしれません。

製品ベンダーは、自社の製品は顧客の課題を解決できる手段の一部ではあると思いつつ、あたかもその製品ですべてが解決するような言い方をすることがよくあります。

本来、どういうソリューションが必要なのかを抜け漏れなく検討できるように考えられたフレームワークに、「KOPT」というものがあります。KOPTとは、下の４つの頭文字をとったものです。

K：Knowledge（知識、スキル）
O：Organization（組織）
P：Process（プロセス）
T：Technology（テクノロジー）

先ほどの例では、ITリテラシーの向上が「K」（知識、スキル）、情報共有を促進させるフラットな組織体制が「O」（組織）、会議の仕方の変更が「P」（プ

ロセス)、ITツールが「T」(テクノロジー) です。

　顧客は、ベンダーに対しては、その会社の製品やサービスに関する提案だけをしてくると思いがちです。しかし、上記のように、KOPTのフレームワークなどを使って、自社の商材の導入以外にも必要な解決策があると判明した場合、他にも解決策が必要なことを提言できれば、顧客の想定期待を上回ることができます。顧客にとっては嬉しいサプライズで、ここまで親身になって考えてくれているのかと感じてもらえるなど、満足度の向上にも寄与できます。

　言わば、本当の意味でのトータルソリューションを提案することになりますが、自社だけでは提供できない部分があれば、パートナー企業のソリューションと組み合わせて、総合的なソリューションを提案することを考えます。この他社との協業にあたっての打ち合わせは時間がかかり、提案の都度行っていては顧客への提案のタイミングを逸してしまいます。

　したがって、営業戦略策定時に他社とソリューションの補完に関する取り決めをしておいて、いざというときに共同提案をすぐ行えるようにしておくことが、より良い策と言えるでしょう。技術的な整合性の確認はもちろん、価格や販売促進、セールス・インセンティブ、サポート体制などについても取り決めておきます。

「コモディティー化が進んで、今やどこの企業の製品も似たりよったりだ。差別化なんて難しい」と思ってはいませんか。この章の内容でもわかるように、営業パーソン自身も差別化の要因になれるのです。

第7章　営業ステップ3で勝てる提案内容を固める

コラム：営業冥利に尽きたこと

　ある金融サービス業のお客様に営業した時のことです。課題解決型の営業を仕掛けるため、「ITシステム全体の成熟度診断をしませんか」と、そこのIT部長に提案しました。

　このお客様は、初めは疑心暗鬼になっておられるようでしたが、無料であるし、それほど労力をかけずに自社の強み・弱みがわかり、弱みの改善のヒントがもらえそうだということで、この診断実施の提案を受け入れてくださいました。この部長からは「診断は受けるけれど、何も買いませんよ。それでもよいですか？」と言われ、「もちろん、構いません」とお答えして始めました。

　成熟度診断をするといっても、いきなり実施できるわけではありません。事前にお客様と検討対象とするシステムの範囲や、診断の進め方、全体のスケジュール感、診断結果のアウトプットイメージ、診断へのお客様参加者などを決めました。部長には全メンバーに参加の指示を出していただくとともに、彼自身にも参加していただけることとなりました。部長が出席するとなると、部下はいい加減な参加はできなくなるため、これはありがたかったです。

　このような準備をしたうえで、私が開発したITシステムの成熟度診断ツールを使いながら、お客様と診断セッションを2日間にわたって行いました。このようにじっくり接していると、お客様の要望や課題がよくわかるだけではなく、組織の雰囲気や、参加者の考え方や気質などもわかってきます。

　診断セッションが終わり、その結果を後日、中間報告として実施結果報告書にまとめ、内容の方向性をお客様にレビューしてもらいました。それを反映して、また日を改め、最終報告のプレゼンテーションを行いました。直近で対策が必要と思われる事項だけではなく、中長期のあるべき姿とそこへ至るロードマップも提言しました。もちろん、ソリューションの提案も併せて行いました。

　その結果、部長から「非常に良い提言をもらいました。ここまで我が社のシステムを理解して、全体のあるべき姿を提示してくれたのは御社が初めてです」との言葉をいただき、何と提案したロードマップをほぼそのまま採用していただいたのです。こうして、大きな金額の契約をいただいたのみならず、ねぎらいの席を設けたいと料理店に招待までしていただきました。買っていただいたうえ、このように感謝されるとは、営業冥利に尽きる経験でした。

第7章のまとめ

ポイント

◆ 提案ソリューションの最終化においてもっとも大切なことは、顧客にとっての価値と投資対効果を最大化すること

◆ 顧客に提案ソリューションの内容を伝えるには、提案内容そのものだけではなく、その伝え方にも力を入れる必要がある

◆ 契約締結への確度を高めて顧客満足を得るために、顧客の期待を超える提案をするようにする

たとえば、

➣ 顧客から言われた課題だけではなく、真の課題や関連する課題についても検討し、それらについての解決策も提案する

➣ 将来のあるべき姿についても提案し、そこへ至るロードマップを示す

➣ 必要に応じて、標準的な製品やサービスをカスタマイズして提案する

➣ 自社の商材の導入以外にも必要な解決策がある場合、協力会社の商材と組み合わせてトータルなソリューションを提案する

◆ 例外的な契約条項がある場合は、営業ステップ3で顧客の契約・購買部門と交渉して承認を得ることで、営業ステップ4での契約締結がスムーズに進むようにする

チェックリスト

☐ キーパーソンが複数いる場合、それぞれの要望を考慮してソリューション提案の内容に反映するようにしている

☐ 競合他社の提案の動きや顧客のベンダー評価ポイントの変化などに目を配り、相手よりも優位な立場になるための対策をとっている

☐ 提案ソリューションの使用イメージや導入イメージをもってもらうための努力を惜しまないようにしている

☐ 本社営業部などが用意した標準的な提案資料をそのまま使うのではなく、適宜顧客に合わせてカスタマイズをした提案をしている

☐ ソリューション提案のプレゼンテーションにあたっては、事前のデザイン、作成、練習がその成否に大きく影響するので、真剣に取り組んでいる

8

営業ステップ4 で 契約を 獲得する

「仕事を成すためには、双方の利益になるという
共通の動機をうまく利用すること」

───盛田昭夫
ソニー創業者

1．クロージング活動の概要

(1) 営業ステップ4の活動の狙い

いよいよ「最終的なご判断を、ぜひお願いします」と顧客に契約をお願いする段階です。最初から商品を前面に押し出して「買ってください」とお願いする営業法では、クロージングが大変です。なぜなら、顧客のニーズやキーマン、制約条件を充分に理解しないまま、商品の説明に一生懸命になり、クロージングの段階でそれらを把握していないことが表面化して、なかなか契約に漕ぎつけることができないからです。

それに対して、課題解決型営業法では、顧客の理解から始まって、順に営業の壁を乗り越えてくるので（**第4章図表4.2**）、クロージングは上記の営業法よりもはるかに楽にできます。

営業ステップ3までで、顧客はこちらが提案しているソリューションの内容と価値について、ある程度は理解しています。営業ステップ3までをしっかりと行っていれば、営業ステップ4で顧客から初めて聞くような要望や懸念事項が出ることは少ないはずです。

営業ステップ4では、主に以下の活動を行います（**図表8.1**）。

① 提案内容の最終的な修正を行うとともに、見積書を提出する

顧客の最終的な要望に添うため、顧客が契約にあたって要求する最終的な修正事項を提案内容に反映します。こちらの提案に対して顧客からずっと好感触を得ていても、最後になって顧客が決断をできず、契約まで進めないことがよくあります。顧客の懸念をしっかりと把握して、それらの解消に努めます。

また、これまでの営業ステップと同様に、このステップでも付録に掲載したアカウントプラン、案件プランナー、顧客価値確認シート、意思決定支援シートを適宜更新します。

契約が間近になってくると、営業ツールの更新をしない人もいますが、最後まで気を抜かずに更新を続けることが必要です。今回の案件だけではなく、今後の案件にも活かせる貴重な記録となります。

② 契約前に最終的なリスクのチェックを行う

契約書の捺印前に、この契約のリスクを最終確認します。

- **技術的なリスクは管理できる範囲か**：先進技術の使用や高難度の設計、実装、運用・保守など、技術的なリスクが高い場合、技術陣のリスク評価を確認する

第8章 営業ステップ4で契約を獲得する

営業ステップ4
(契約)
セールスのクローズ

図表8.1 営業ステップ4の概要

顧客の活動	・懸念事項を解消し、購入の決定を行う
営業パーソンの活動	・契約前に最終的なリスクのチェックを行う ・提案内容の最終的な修正を行うとともに、見積書を提出する ・顧客の窓口や購買部門と最終条件について交渉し、契約書に捺印を得る ・開発や導入のチーム体制とスケジュールの確定（サービス提供の場合）
	前の営業ステップまできちんと行えていれば、初めて聞くような要望や懸念事項は少ないはずです
活動の成果	・契約書が締結された ・（サービス提供の場合）プロジェクト実施チームの組閣とスケジュールが決まった
使用するツール **（付録参照）**	・アカウントプラン ・案件プランナー ・案件進捗チェックシート ・顧客価値確認シート ・意思決定支援シート

153

- **設計・開発や納入のスケジュールは適正か**：無理なスケジュールを組んでいないかどうかをチェックする
- **代金回収のリスクはどうか**：目標数字を達成しようとするあまり、業績が傾いた企業や支払いに問題があるところの商談に乗ってしまう恐れがあるため、相手企業の信用調査などを行い、代金回収の不安を解消する

③ **顧客の窓口や購買部門と最終条件について交渉し、契約書に捺印を得る**

価格や納期などについての交渉、確認を経て契約を締結しますが、日本企業の場合、稟議書（会社によっては立案書や伺い書などとも呼ばれます）を作成し、社内決裁を経て契約締結に到るところが多いと思います。その場合、稟議書はすでに作成されたかどうか、決裁にどれくらいの時間がかかるのかを顧客に確認します。

④ **開発や導入のチーム体制とスケジュールの確定**

製品の納品だけではなく、サービスのように開発や構築、導入が必要な場合は、その実施体制とスケジュールを顧客と打ち合わせて確定します。

(2) 営業ステップ4の完了基準

営業ステップ4の完了判断基準は、次の2点ができたかどうかです。このステップで契約の獲得を達成し、ひとまずは大きな成果です。

① 契約書が締結された。契約書は管理された状態にある。たとえば、一般的な契約書には有効期限が決まっており、期限を過ぎた後に何らかの問題が発生しても責任を追及できないので、契約書の終期をすぐに確認できるようにしてある

② （サービス提供の場合）設計や構築、導入、訓練・研修などのプロジェクト実施チームの組閣とスケジュールが決まった

しかし、契約を獲得できたら営業活動は終わり、というわけではありません。顧客にとっては、これからソリューションを導入する開始点であり、契約をいただいた顧客でさらにビジネスを伸ばすために、次の営業ステップ5のアフターセールス活動に進みます。

154

第8章　営業ステップ4で契約を獲得する

２．営業ステップ４の成熟度診断

　営業ステップ４の活動に関する成熟度の３レベルの定義が下記です。あなた自身、あるいは営業チームの現状レベルはどれに近いのかを選択し、下にある表の該当レベルにチェックを入れてください。

●レベル１

➤ **状態**：契約の障害になっている可能性のある懸念の解消が不完全なため、契約直前になってサプライズが出て、なかなかクローズできない

➤ **こうなる原因**：顧客の課題の把握や、キーパーソンの確認、顧客の懸念事項へのタイムリーな対処などが不充分なままで営業ステップを進めてしまったため、顧客から新たな要望や聞いていなかった懸念事項が出る。特に、ソリューションが提供する価値を説得できていない可能性が高い

➤ **このレベルにいる問題点**：契約獲得の確度が低い

●レベル２

➤ **状態**：契約の障害になっている可能性のある懸念に対して、一応対処できている。しかし、価格や納期などに関する交渉がうまくいかず、互いに満足できる Win-Win の契約を締結できないことが多い

➤ **こうなる原因**：契約内容の交渉にあたり、事前に交渉プランを立てずに交渉している。または、今回の契約さえできればよいと短期的な結果だけを追い求め、顧客と長期的な関係を築くことを重視していない

➤ **このレベルにいる問題点**：仮に契約をもらえても、顧客が本当に満足していないときには、顧客社内での次の案件の発掘や事例になってもらうことは難しい。すなわち、固定客、得意客にはなってもらえない

●レベル３

➤ **状態**：契約の障害になっている可能性のある懸念を管理し、効果的に解消しながら商談を契約まで進めている。契約内容の交渉にあたっては事前に準備を行い、顧客と Win-Win の契約交渉ができる。顧客との長期的なリレーションを築くことの重要性を認識して、交渉を行っている

あなたの現在の成熟度レベルをチェックしてください		
☐ レベル１ ★	☐ レベル２ ★★	☐ レベル３ ★★★

3．営業ステップ4の成熟度を改善する方法

⑴　（レベル1⇒レベル2）顧客の契約にあたっての懸念事項を解消する

　先述したようにステップ3まで顧客とやりとりをした結果、こちらの提案に対して顧客から好感触を得ていても、顧客が最後の決断をできず、契約まで進めないことがよくあります。

　顧客がこのような態度をとる理由には、以下のようなものがあります。
① 顧客が提案内容をよく把握できていない
② 顧客の「購入の決断をして、失敗したくない」という不安
③ 顧客の「後回しにしたい」という思い
これらにどう対処したらよいのかを説明します（図表8.2）。

　　　図表8.2　顧客が最後の決断をできず、契約まで進めないときの対処法
　①顧客が提案内容をよく把握できていない

もう一度説明をさせてもらえるように頼みましょう。さらに効果的な方法は、顧客が稟議書を作成するのを直接支援することです

　②顧客の「購入の決断をして、失敗したくない」という不安

相手の不安を減らす努力をします。たとえば、これまでの導入実績を説明したり、顧客での失敗はこちらにとっても大きな痛手になるので、全面的に支援することを伝えたりします

　③顧客の「後回しにしたい」という思い

どこの企業も結局、いつまでも忙しいはずです。先延ばしにするよりも、早めに導入するほうが効果やメリットが大きいことを強調します

① 顧客が提案内容をよく把握できていない

　顧客担当者が、いざ稟議書を書こうとしたら、まだ自分が充分に理解していなかったことに気づき、不安になってしまうことはよくあります。その中には、初めから実はよく理解していなかったにもかかわらず、プライドがそうさせるのか、わかったフリをしている顧客もいます。稟議書は、会社によっては立案書や伺い書などとも呼ばれます。要は、意思決定のために上位役職者などの関係者に回覧し、決裁を受けるために作成する資料です。

　このような場合、顧客に失礼のないような言い方で、もう一度説明をさせてもらえるように頼みましょう。また、これよりもさらに効果的な方法は、顧客の稟議書作成を直接支援することです。たとえば、稟議書のドラフトの作成をこちらで代行します。稟議書の形式は、もちろん顧客によって違いますが、基本的には以下の項目で構成されています。

- 購入理由（解決すべき課題と効果）
- 購入内容（ソリューションの概要と選定理由）
- 投資金額（初期費用と継続費用）
- スケジュール（購入と納品）
- プロジェクト体制（社内およびベンダー）

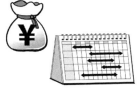

　企業変革や業務改革に関連するようなソリューションや、これまで採用例のないソリューションの場合、顧客は稟議書の作成に、特に負担を感じるものです。顧客の稟議書のフォーマットに合わせて、要点をきっちりとまとめてさしあげるのは営業パーソンならではの支援です。こうすることで、こちらにとっても顧客が稟議を進めるリードタイムを短縮できるメリットがあるだけではなく、稟議書を見れば、稟議決裁者、同意者、閲覧者などの部門、役職名などが載っており、契約に関する重要情報を知ることができます。

　さらに、稟議書の中で自社が他社より優れているところを強調して、競合他社に対して優位に立てる大きなメリットもあります（**第6章コラム：スペックイン**）。

② 顧客の「購入の決断をして、失敗したくない」という不安

　「うまくソリューションを導入できるのか」、あるいは「導入しても効果が出なかったらどうしよう」など、顧客の責任者や担当者が失敗に関する不安をもつのは自然なことです。会社にマイナスになるようなことをしたくない、あるいは、失敗の責任を負わされて自分のキャリアに傷がつくようなリスクは避けたい、という心理が働きます。特に、減点主義で社員の評価をする会社や、出る杭は叩かれるような組織風土の会社では、保身に走る傾向が強くなります。

それを批判しても何も解決しませんので、相手の不安を減らす努力をします。たとえば、これまでの導入実績をしっかりと説明したり、顧客での失敗はこちらにとっても大きな痛手になるので、顧客の成功に向けて全面的な支援することを伝えたりします。

③ 顧客の「後回しにしたい」という思い

法人の案件というのは、今日明日に契約しなければならないという必然性が感じられないものが多くあります。顧客は日頃の業務だけでも忙しいので、契約までは急がずに少しゆっくりしたい、もっと引き伸ばしたいという心理が働きます。そのため、契約することに対しては前向きでも、なかなか稟議書を書いてくれないことが少なくありません。

しかし、どこの企業も結局いつまでも忙しいはずです。先延ばしにするよりも、早めに導入するほうが効果やメリットが大きいことを強調しましょう。たとえば、「半年後に導入するより、今導入したほうが○○円もお得になります」などと、数値で示すと説得性の高い説明ができます。お金には時間的価値がありますから、現在価値法を使い、将来におけるキャッシュが現在のいくらに相当するかという説得手法もよく使われます。また、今やらないことによる機会損失や逸失利益（今手を付けたなら得られたであろう、失われてしまう利益）の観点から、早めの導入を勧めるなどのアプローチがあります。

さらに、セキュリティー対策や災害対策のように、実施したからといって収益が増えるわけではないソリューションの場合、今行わずに実施を遅らせた場合のリスクの大きさで説得します。たとえば、セキュリティー対策を先伸ばしにしている間に情報漏えいが起これば、企業イメージの大幅ダウンや被害者への補償などが発生し、そのツケは莫大なものになります。

(2) （レベル２⇒レベル３）Win-Win の交渉をする
① 交渉の事前準備のポイント

交渉は、営業ステップ４だけにかぎらず、営業ステップ１からも発生します。たとえば、営業ステップ１で顧客を取り巻くビジネス環境や課題に関する情報をどれだけ得られるのかも、顧客との交渉の１つと見なせます。しかし、営業ステップ４での契約締結にあたって行う交渉は、特にシビアなものになることがよくあります。

顧客と営業する側、双方にとって利益が一致する点を探し、それに基づいた合意ができる交渉、すなわち、Win-Win のアプローチが理想的なのは誰しもわかっていることと思います。しかし、ともすれば、相手の利益をないがしろ

にして、自分の主張を強硬に押し通す Win-Lose の交渉になってしまうことがあります。

どこの企業も、相手から良い取引条件を引き出そうと考えるのは当然なことです。ベンダー（業者）との交渉に力を入れている顧客によっては、以下のような交渉戦術を決めている企業さえあります。

- ベンダーを質問攻めにして疲れさせ、重要な事柄は隠せ
- ベンダーの主張を鵜呑みにせず、一つひとつ疑って質問をせよ
- 交渉にあたって、ベンダーに提供する情報は必要最小限にとどめよ
- 値引きは必ず要求し、要求し続けよ
- ベンダーが「それは無理です」と何回も言うまでは、合意しない
- ベンダーと早々に合意できたとしたら、もっと有利な契約を結ぶ機会を失ってしまっている恐れがあるので気をつけよ

どうでしょうか、思い当たる顧客はいますか。上記のリストを見ると、ベンダーを信頼していない、あるいはベンダーの価値を感じていないように思えませんか。

交渉のテクニック以前に大切なことは、顧客と信頼関係を結び、顧客にこちらの価値を感じてもらうことです。そのため、顧客のビジネス環境や課題の理解を行う営業ステップ1から、ソリューションを提案する営業ステップ3までの活動が重要です。

製品売りを前面に出し、顧客の理解を二の次にした売り方では、ともすれば価格のたたき合いなどといった厳しい交渉になりがちです。本物の課題解決型営業ができれば、交渉自体がなくなることはないものの、双方にとってより合理的で満足のいく契約が結べます。

上記の姿勢を大前提として、顧客と売り手が互いに Win-Win になるための交渉のテクニックとは、具体的にどのようなものでしょうか。大事なことは「交渉を事前に計画する」ことを営業活動の一部とすることです。準備もせずに、いきなり顧客と交渉する営業パーソンは意外と多いです。

たとえば、車を買い替える場合を考えてみましょう。一般に、買い手が車を買い替えるのは数年に一度ですから、営業パーソンとは数年に一度交渉するだけです。ところが、車の営業パーソンは毎日、さまざまな要求をする顧客と交渉しているので、多様な対応パターンが頭の中に入っており、どのような交渉にも驚かないようになっているはずです。

「このオプションをタダで付けるのは無理ですが、もし今買う決断をしていただけるのであれば、上司に OK かどうか聞いてきます」などと困った顔をして言いますが、これなどは日常茶飯事の交渉でしょう。すなわち、彼らにはしっ

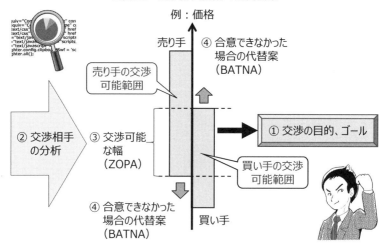

図表8.3 交渉計画段階の重要要素

ZOPA ： Zone of Possible Agreement
BATNA ： Best Alternative to Negotiated Agreement

かりとした交渉のプランがあるため、買い手からすると手強い相手であり、こちらがうまく交渉できたと思っても、実はそう思わされていることが多いのです。

交渉の事前準備には4つのポイントがあり、それぞれについて説明します（**図表8.3**）。

ポイント1：交渉の目的、ゴールの明確化
ポイント2：交渉相手の分析
ポイント3：交渉可能な幅（ZOPA）の設定
ポイント4：合意できなかったときの代替案（BANTA）の決定

● **ポイント1：交渉の目的、ゴールの明確化**

営業ステップ1から3までで得た顧客の要望や懸念点に関する情報、また自社のこの案件に関する思惑を勘案し、この案件では何がベストな合意内容かを考えます。この検討により、自社のために何を得たいのか、どうなりたいのかを確認します。それを念頭に、②の交渉相手の分析に進みます。

第8章　営業ステップ4で契約を獲得する

図表8.4　交渉すべき事柄のリスト例

売り手にとっての重要交渉事項	
1	契約期間
2	契約ボリューム
3	支払い条件
4	価格
5	納入スケジュール
6	製品オプション
7	サービス、サポート
8	トレーニング

買い手にとっての重要交渉事項	
1	価格
2	納入期間
3	製品オプション
4	サービス、サポート
5	トレーニング
6	契約期間
7	契約ボリューム
8	支払い条件

● ポイント2：交渉相手の分析

　交渉で望んでいる事柄やそれらの優先度を、顧客と自社についてリスト化します。**図表8.4**はその例です。この例のように、売り手と買い手では、重視する項目の優先度は異なるのが普通です。また、交渉のテーブルに載せない事柄は何かを明確にするのも有益です。たとえば、自社の売れ筋商品に対する値引き要求には応じない、あるいは社内倫理規定に基づきバーター取引はしないなどと、初めから交渉の対象から外す事項を明確にしておけば、交渉の場で悩むことを回避できます。

図表8.5　事前に受け入れ可能な幅の設定例

#	交渉する項目	当方の優先度	相手の優先度	受入可能幅		譲歩可能
1	案件規模を大きくする	1	2	5,000万円	900万円	支払条件緩和、ファイナンシング提供
2	業務での利用開始スケジュール	2	1	6ヵ月後	4ヵ月後	製品オプション
3	効果実証デモを不要にして営業コストを下げる	5	3	40万円	90万円	無償試用期間の提供
4	成功事例になってもらう	3	4	10万円	30万円	研修費用割引
5	同様の課題をもつ関係会社や他企業の紹介	4	5	10万円	100万円	紹介報奨金提供

● ポイント3：交渉可能な幅（ZOPA）の設定

　交渉する項目について、受け入れ可能な上限と下限を決めます。交渉学ではZOPA（Zone of Possible Agreement）、「交渉可能なゾーン」と呼ばれます。特に目新しい考えではありませんが、交渉の前にこの幅の設定をしている営業パーソンは少ないと思います。

　図表8.5はその例ですが、このように交渉に臨む前に何をどこまで交渉できるのかが設定されていれば、落ち着いて交渉ができます。また、現在の交渉がどういった状態かを明確に把握できます。

● ポイント4：合意できなかったときの代替案（BANTA）の決定

　たとえ交渉で合意できなくとも、代替案を交渉前に用意していれば、それがあるだけでより冷静に交渉に臨むことができます。交渉は、万が一うまくいかなくともよい、と思っているほうが有利に立てます。また、用意した代替案より悪い合意にならざるを得ないのであれば、それは交渉しても仕方がないため、断念すればよいのです。したがって、自分にとって望ましくない交渉結果にはなりません。

　交渉学ではBATNA（Best Alternative to a Negotiated Agreement）「交渉での合意に次ぐ、最善の代替案」と呼ばれ、交渉が受け入れ可能な幅（ZOPA）の最低目標を下回ってしまう場合の代わりの案のことを指します。

② **交渉中のポイント**

　上記のように交渉の前にきちんと準備をした後、実際の交渉に入ります。交渉中は、顧客と営業パーソンが合意形成に向けて、互いのゴールや要望の相違点を乗り越えようとします。この段階では、双方が満足できる条件は必ず見つかるという前提で、柔軟にアイデアを出すことが大切です。

たとえば、顧客が価格の値引きを要求してきた場合は、「それは難しいですが、契約期間を延ばしていただけるか、より多くご注文いただければ何とかなるかもしれません」と交渉できるかもしれません。また、より早い納入期間を要求された場合、より高価格を設定することで合意できるかもしれません。

つまり、譲歩するのであれば、代わりに何かを得ることを考えます。それが無理であれば、重要ではないものだけをあきらめる検討をします。これは、交渉中にあわてて考えてもうまくいかないため、事前準備として挙げた交渉すべき事柄のリスト作成や、交渉する項目で受け入れ可能な上限と下限の設定（ZOPA）、合意できなかったときの代替案（BATNA）を事前に決めておくことが大切です。

また、合意形成には、ロジカルシンキングのスキルが必要になります。ロジカルに思考するスキルがあってこそ、難しい交渉を解きほぐし、一見行き詰まった状況を打開できます。さらに、コミュニケーションのスキルも大事です。コミュニケーションがうまい人というと、雄弁に自分の主張を語り、相手を言い負かすのに長けている人を思い浮かべるかもしれませんが、実際には第3章で大事なスキルとして強調したようなコミュニケーション力が大事です。

すなわち、傾聴し、相手をよく理解するためのスキルの高い人が、交渉をうまく行えます。なぜなら、相手とうまくコミュニケーションができなければ、相手の真の要望や顕在化していない情報を聞き出すことができないからです。そういった貴重な情報こそが、成功する交渉に不可欠です。

ただし、ただ単に受け身の姿勢で聞いているだけではダメです。必要な質問はきちんとして、相手をよく理解する必要があります。たとえば、下のやりとりのように適宜質問は行って、相手の発言の意味するところをよく掘り下げます。

顧客：「どこのベンダーもそれは提供してくれるよ」

営業：「どこのベンダーでしょうか。具体的には何を提供するのでしょうか」

顧客：「あなたの競争相手かもしれないけれど、ウチはそちらの会社と仕事をするほうが好きなのだよ」

営業：「どこの会社でしょうか。その会社のどういうところを評価されているのですか」

顧客：「あなたのところの技術は時代遅れだね」

営業：「どの技術のことか教えていただけますか」

このように掘り下げておかないと、後の交渉に苦労することになります。

③ 交渉後、合意に至らない場合のポイント

　交渉は互いに合意を目指して行いますが、どうしても合意に至らず契約できない場合もあります。すなわち、交渉が受け入れ可能な幅（ZOPA）の最低目標を下回り、さらに代替案（BATNA）もないというお手上げの状況になってしまうケースです。「これだけの時間と労力をかけたのだから、ビジネス的にメリットのない条件でも契約してしまおう」という気持ちになってしまうのもわかりますが、これは避けねばなりません。

　気をつけないといけないのは、何らかの合意をすることが必要と思い込んでしまうことです。あくまでもビジネスであり、自社にとってメリットのない合意はすべきではなく、この場合は商談を終わらせることが最善の選択肢となります。すべての選択肢を検討し尽くしても、どうしても手詰まり状態を解決できないのであれば、苦渋の決断ではありますが「現状を打開するのは難しいようです。これ以上、お互いの時間をかけることが有効とは思いません。この商談は打ち切りましょう」と幕引きをすることが必要になってきます。

　ただし、今回の案件を打ち切った顧客において、将来また別の案件が発生する可能性は充分にあります。営業ステップ1より始まって、ここまで営業活動を続けてきた結果、この顧客のビジネス環境や課題、組織体制などを把握できているはずですし、顧客もこちらについて、ある程度理解したはずです。今後のためにも、次につながるような終わり方を心がける必要があります。

　これまで商談に応じてもらったことに対するお礼をするとともに、今後長い付き合いにしたい旨をしっかりと伝えましょう。また、今回の敗因や、次回案件がある場合に改善すべきヒントやアドバイスももらうようにします。

コラム：自社の社長や役員を案件に巻き込むべきか

　顧客の経営改革や業務革新といった戦略的な提案においては、自社の社長や役員クラスの人間を提案活動に巻き込むことがあります。たとえば、案件の初期段階において顧客に対し、顧客および現在進行中の案件をいかに大切に思っているかを伝えたり、自社の製品戦略や将来に対するビジョンを語ってもらったりすることで、顧客との商談に付加価値を加えることができます。また、担当者レベルでの契約交渉が袋小路に入り込んでしまい、その打開策として、顧客と自社のハイレベルな役職者同士での会合をセットすることもあります。

　しかし、これにはデメリットもあるので、気をつける必要があります。顧客によっては、業者（ベンダー）の経営層を交渉に巻き込むことを、有利な契約を結ぶ戦術として利用するところもあります。その理由は以下のとおりです。

- 営業担当者レベルでは、大きな値引きをする権限をもっていない
- 役職のレベルが高ければ、より広い観点でのビジネス判断ができる
- 大物は自分の部下の前で、契約を失いたくないはずである
- 営業担当者と違い、地位の高い役職者は毎日交渉をしているわけではないため、大きな譲歩をしてしまいがちである

　このため、逆に自社の役員クラスには交渉に参加してもらわないと決めている顧客もいます。

　このように、営業担当者が案件に自社の経営層を巻き込むかどうかには、慎重な配慮が必要です。巻き込むにあたって、重要なことは以下の2点です。

① 案件のオーナーは自身であり、交渉のコントロールを放棄しない

　社長や役員が交渉に参加してくると、上の言いなりになりがちです。しかし、この案件における会社の代表者は自分であるという気概をもって、案件の流れをコントロールし続けることが必要です。

　筆者も苦い経験があり、交渉に入ってもらった役員が大幅に譲歩した合意をしてしまったことがあります。その当時は、まだ若手営業で何も言えなかったのですが、担当営業として「この案件の責任者は自分である」という意識を失ってしまったことが失敗の原因でした。

② 交渉の場に役職者に参加してもらう場合は、事前によく打ち合わせる

　交渉可能な事項は何か、逆に交渉不可能な事項は何か、さらに交渉が受け入れ可能な幅（ZOPA）や代替案（BATNA）を、参加してもらう役職者としっかりと共有します。顧客の元へ向かう車の中でブリーフィングができないような複雑な話の場合は、事前打ち合わせのためのミーティングを行います。

第8章のまとめ

ポイント

◆ 営業目標を達成しようとするあまり、リスクの高い契約内容になってはいないか、契約書の捺印前に、技術面やスケジュール、あるいは代金回収のリスクなどを最終確認することが重要

◆ 顧客が契約を先延ばしにしようとして契約締結に進まない場合、早めに導入することの効果やメリット、あるいは導入しないことによるリスクを強調する

◆ 効果的な契約交渉のためには、交渉の前に計画を立てて、落ち着いて交渉に臨み、こちらにとって望ましくない結果にはならないようにする

◆ 何らかの契約をとにかく結ぶことが大事と思いがちであるが、自社にとってメリットのない合意はすべきではなく、商談を終わらせることが最善の選択となる

◆ アカウントプラン、案件プランナー、顧客価値確認シート、意思決定支援シートを更新して、勝敗の分析や今後の案件に活かす

チェックリスト

☐ 顧客がこちらの提案内容をよく把握できていない場合、丁寧に説明するのはもちろん、顧客に稟議書を作成するのを支援することを申し出るようにしている

☐ 稟議書が作成されたか、決裁にどのくらいの時間がかかるのかを確認している

☐ 事前に以下を行ってから交渉に臨むようにしている
　① 交渉の目的、ゴールの明確化
　② 交渉相手の分析
　③ 交渉可能な幅（ZOPA）の設定
　④ 合意できなかったときの代替案（BATNA）の決定
　⑤ 交渉可能な項目と交渉可能ではない項目の明確化

☐ 「今回の契約さえとれればよい」という短期的な結果をだけを追い求めず、顧客と長期的な関係を築くことも重視している

9

営業ステップ5
で
顧客内シェアを
高める
準備をする

「顧客満足は方法ではなく、すべての企業の使命
であり、目的である」

——ピーター・ドラッカー
経営学者

１．契約内容の実施と顧客満足の確認活動の概要

(1) 営業ステップ5の活動の狙い

　営業ステップ4までで、顧客の信頼を得て、課題解決提案の価値を説得し、契約を獲得しますが、営業活動はそれで終わりではありません。顧客にとっては、解決策の実施・活用という本番がこれから控えています。営業ステップ5では、顧客の思いに応えるために、その契約内容の実施を支援します。これにより、顧客に提案した価値の実現を図り、顧客満足の確認をします。

　この顧客で今後も継続的に案件を発掘するためには、その満足度を良い状態に保つことが大切です。なぜなら、既存顧客でビジネスを追加獲得するほうが、新規顧客の開拓をするよりはるかに労力がかからず、一説には5倍も効率が良いとも言われているからです。

　以下が、営業ステップ5の活動の概要です（**図表9.1**）。

① 実施状況を見守り、顧客の期待に添う活動を実施する

　比較的複雑なソリューションの場合、製品の納入だけではなく、その導入の技術的な方法や、経営層の利用現場に対するリーダーシップ、活用体制、ユーザーのスキルなど多くの要因が採用の成否に影響を与えます。提案時に顧客と合意したソリューションの価値が実現できるよう、顧客を支援します。たとえば、顧客価値確認シート（**付録2.(4)**）に記述した内容が実現できているかどうかを確認します。

② 顧客満足を確認する

　次の案件機会を発掘するためにも、今回の案件の結果に対して、顧客に満足してもらう必要があります。満足した顧客の言葉に勝る、説得力のある宣伝はありません。ホームページやパンフレットなどに載せるために成功事例になってもらったり、今回の案件と同様の課題をもつ他部門や関係会社などを紹介してもらったりするためにも、これは重要です。

　確認した結果はアカウントプラン（**付録2.(1)**）の顧客満足度に関する欄に反映します。そして、今後、この顧客に対する営業戦略を練る際の参考にするとともに、将来担当が代わっても引き継ぎがスムーズにできるようにします。

③ 次の案件機会の発掘につながる活動を実施

　今回の案件にとどまらず、顧客内シェアを今後さらに高めるために、次の案件の芽を発掘する活動をします。

第9章 営業ステップ5で顧客内シェアを高める準備をする

**営業ステップ5
(アフターセールス)**
契約内容の実施、
顧客満足確認

図表9.1 営業ステップ5の概要

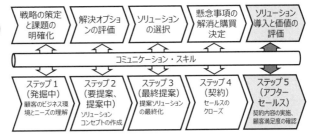

顧客の活動	・ソリューションの導入の確認と、その実際の価値の評価を行う

営業パーソンの活動	・実施をモニターし、顧客の期待に沿う活動を行う ・顧客の期待に沿っている、あるいは上回っていることを確認する ・次の案件機会の発掘につながる活動を行う

既存顧客で追加案件を獲得するほうが、新規顧客の開拓より、5倍も効率が良いとも言われています

活動の成果	・提供商品、サービスに対する顧客満足

使用するツール (付録参照)	・アカウントプラン ・顧客価値確認シート

169

⑵ 営業ステップ5の完了基準

　提供商品、サービスに対する顧客満足の確認が、営業ステップ5で達成すべき結果です。このことは、顧客内で次の案件を発掘できる状態を作るとともに、同様の課題をもつ他社で案件を発掘するために、その顧客に成功事例になってもらったり、他部門や他社を紹介してもらったりするという狙いがあります。

コラム：気づき力

　若手営業パーソンに同行して商談に立ち会った時のことですが、本当にもったいないと思うことがありました。顧客のIT部門の人が「ウチの業務部門の中には、IT部門の承認なしに勝手にITサービスをベンダーから購入しているところがあって困っている」とこぼしていました。

　この言葉からは2つのことが読み取れます。1つ目は、業務部門の購買パワーが増しているため、IT部門だけではなく業務部門への売り込みにも力を入れる必要があるということです。2つ目は、IT部門は全社に対するガバナンスを強化したいというニーズをもっているので、このためのヒントやアドバイスが提供できれば喜ばれるだろうということです。しかし、この若手は、自分の提案をすることだけに気をとられ、この顧客の言葉を聞き流していたのです。

　他の例では、顧客との面談後、若手に感想を聞いたところ、「このお客様では新規案件はありそうもないですね」との答えが返ってきて、びっくりしたことがありました。私はたくさんの案件の芽がありそうだと、ウキウキしていたからです。私は自社の製品やサービスを熟知し、過去の経験から顧客の課題について見当をつけ、それらを関連づけることができましたが、若手はまだ頭の中の引き出しが少なく、何も思い浮かばなかったようでした。

　このように、今後の営業に活用できそうな情報があっても、気づき力が弱いために、それをキャッチできないことがあります。気づき力を強化するには、第3章でも強調しましたが、①顧客に関心をもつことです。人間の脳は、興味のないことには反応しません。また、顧客の担当者だけに興味をもつのではなく、管理者、経営層にまで、それぞれの立場の視点からはどうなのだろうと考える必要があります。そして、②幅広い興味をもつことです。上述の例のように、自分が直近で提案したいことに関する事柄だけではなく、顧客の課題に関してより広く関心をもつ必要があります。最後に、③引き出しの多さです。この③は②に基づいて、さまざまな知識やノウハウを蓄積することです。この引き出しがないと、本当はたくさんある案件機会を見落としてしまいます。

第9章　営業ステップ5で顧客内シェアを高める準備をする

2．営業ステップ5の成熟度診断

営業ステップ5の活動に関する成熟度の3レベルを下に示します。あなた自身、あるいは営業チームの現状レベルはどれに近いのかを選択し、下にある表の該当レベルにチェックを入れてください。

● **レベル1**

➤ **状態**：契約を獲得できたら、即座に別の案件に集中し始める。納品した顧客にはクレームやトラブルがないかぎり、自分からコンタクトしようとしない

➤ **こうなる原因**：契約は顧客にとってはいまだ通過点であり、これからの導入や活用フェーズが本番であるということを軽視している。また、既存顧客と良好な関係を維持しながら追加の案件を発掘するほうが、新規顧客での案件を発掘するよりもはるかに効率が良いことを理解していない

➤ **このレベルにいる問題点**：顧客から信頼されず、次の案件では声をかけてもらえないなど、今後顧客内シェアを高めるための活動が困難になる

● **レベル2**

➤ **状態**：提案内容で確実に成果を上げているかを確認している。効果の検証や進捗の定期レビューを提案したり、顧客の調査に進んで協力したりする。トラブルや不都合があれば、すぐに駆けつけて問題解決にあたる　ただし、今後の商談発掘のための取り組みが計画的に行われていない

➤ **こうなる原因**：顧客内シェアを上げるための営業計画プロセスが確立されていない

➤ **このレベルにいる問題点**：既顧客での案件発掘のほうが、新規顧客開拓よりも効率が良いにもかかわらず、今回の案件の結果を活用できるせっかくの機会をみすみす逃している

● **レベル3**

➤ **状態**：レベル2に加え、既存顧客で次の案件機会発掘の計画プロセスが標準として確立されており、追加オーダーやクロスセル、アップセルができている。また、アカウントプランを中心としたツールのチームでの共有により、後任への引き継ぎなどもスムーズにできている

あなたの現在の成熟度レベルをチェックしてください		
☐ レベル1 ★	☐ レベル2 ★★	☐ レベル3 ★★★

171

3．営業ステップ5の成熟度を改善する方法

⑴ （レベル1⇒レベル2）提案内容の実施と顧客満足を確認する

　顧客の満足度を確認するため、提案したソリューションで実際に効果が出ているのかどうかを、顧客と確認します。確認にあたっては、営業ステップ3とステップ4で作った顧客価値確認シートをベースにします。

　もし、残念なことにクレームをもらった場合は、冷静かつロジカルに対応しましょう。顧客の気持ちは受け止める必要はありますが、新しいソリューションに不慣れなことによる勘違いやエラーなど、理解不足が原因のこともあります。しかし、きちんと対応できれば、かえって信頼を得られるチャンスでもあると考え、しっかりと対応します。

　また、顧客に対する営業活動全般の満足度を知るために、顧客満足度調査を行います。**図表9.2**は簡略化した顧客満足度調査票の例です。

　製品やサービスに関する顧客の評価だけではなく、提案力や取引のしやすさなどを幅広く調査します。調査の結果、判明した顧客の評価や意見、要望は、顧客との信頼関係を築くため、関係部門で手分けしてフォローします。たとえば、製品に関する要望は、製品企画や開発部門に対応を依頼します。

図表9.2　顧客満足度調査票の例

Q1	現在お使いいただいている商品・サービスについて						
NO.	質問事項	非常にそう思う	そう思う	どちらとも言えない	そうは思わない	まったく思わない	コメント記述欄
1	全体的に見て優れている	☐	☐	☐	☐	☐	
2	操作性に優れている	☐	☐	☐	☐	☐	
3	信頼性がある	☐	☐	☐	☐	☐	
	……	☐	☐	☐	☐	☐	

Q2	導入プロセスについて						
NO.	質問事項	非常にそう思う	そう思う	どちらとも言えない	そうは思わない	まったく思わない	コメント記述欄
1	導入にあたっては、計画的に実施できた	☐	☐	☐	☐	☐	
2	お客様と弊社のコミュニケーションは充分にできた	☐	☐	☐	☐	☐	
3	成果物（計画書、報告書、関連書類など）は適正である	☐	☐	☐	☐	☐	
	……	☐	☐	☐	☐	☐	

Q3	提案活動について						
NO.	質問事項	非常にそう思う	そう思う	どちらとも言えない	そうは思わない	まったく思わない	コメント記述欄
1	全体的に見て、提案は優れている	☐	☐	☐	☐	☐	
2	お客様の業務についてよく理解している	☐	☐	☐	☐	☐	
3	提案内容は、お客様の課題を的確に捉えている	☐	☐	☐	☐	☐	
	……	☐	☐	☐	☐	☐	

第9章　営業ステップ5で顧客内シェアを高める準備をする

Q4　商品・サービスの品質について						
NO.	質問事項	非常に そう思う	そう思う	どちらとも 言えない	そうは 思わない	まったく 思わない	コメント記述欄
1	全体的に見て、品質目標の要求に対応できている	☐	☐	☐	☐	☐	
2	品質クレームに対して迅速な対応ができている	☐	☐	☐	☐	☐	
3	品質向上に向けた取り組みが充分になされている	☐	☐	☐	☐	☐	
	……	☐	☐	☐	☐	☐	

Q5　「営業担当者」について						
NO.	質問事項	非常に そう思う	そう思う	どちらとも 言えない	そうは 思わない	まったく 思わない	コメント記述欄
1	全体的に見て、営業担当者は優れている	☐	☐	☐	☐	☐	
2	お客様に対して迅速に対応している	☐	☐	☐	☐	☐	
3	お客様のニーズを的確に把握することができる	☐	☐	☐	☐	☐	
	……	☐	☐	☐	☐	☐	

Q6　「保守・メンテナンス（サービス＆サポート）」について						
NO.	質問事項	非常に そう思う	そう思う	どちらとも 言えない	そうは 思わない	まったく 思わない	コメント記述欄
1	全体的に見て、保守・メンテナンス（サービス＆サポート）は優れている	☐	☐	☐	☐	☐	
2	保守・メンテナンス業務について綿密な打ち合わせがされている	☐	☐	☐	☐	☐	
3	連絡先（窓口）が明確になっている	☐	☐	☐	☐	☐	
	……	☐	☐	☐	☐	☐	

Q7　お客様が当社に感じていることをお聞かせください						
NO.	質問事項	非常に そう思う	そう思う	どちらとも 言えない	そうは 思わない	まったく 思わない	コメント記述欄
1	当社は、全体としてお客様を大切にしている	☐	☐	☐	☐	☐	
2	当社は、お客様に満足を提供している	☐	☐	☐	☐	☐	
3	当社は、お客様のニーズに積極的に対応している	☐	☐	☐	☐	☐	
	……	☐	☐	☐	☐	☐	

Q8　ここまでご回答いただいた内容をふまえて、お答えください						
NO.	質問事項	非常に そう思う	そう思う	どちらとも 言えない	そうは 思わない	まったく 思わない	コメント記述欄
1	他社と比べて、当社は優れている	☐	☐	☐	☐	☐	
2	当社を信頼している	☐	☐	☐	☐	☐	
3	今後も当社と取引していきたい	☐	☐	☐	☐	☐	
	……	☐	☐	☐	☐	☐	

当社は今後もお客様との良きパートナーでありたいと考えております。そのためには当社にどのようなことを望まれますか。ご自由にお書きください。

ご協力いただき、誠にありがとうございました。

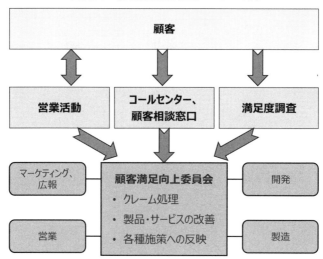

図表9.3 顧客満足度向上プロセスの例

　さらに、顧客のキーマンを定期的に訪問して、お客様との会話を通じて、顧客のこちらに対する期待を把握し、その期待を超えられるような活動を行うことにより、顧客満足度を向上させるプログラムも有効です。

　このように、顧客満足度の管理は、営業チームだけではなく、全社的に取り組む重要プログラムという位置づけになっている必要があります（**図表9.3**）。

　たとえば、IBMでは顧客満足度向上への取り組みの一環として、IBM営業担当者が顧客と対話形式で行うセットメット（Set / Met）というプログラムがあります。これは全社的に推進されているプログラムで、顧客の期待や要望、現在の課題などを聞いて、顧客に見てもらいながら対策案を作成します。それが了承されたら、アクションプランに落とし込み、顧客の期待を超えることを目指して実施に移ります。進捗状況は営業担当者が定期的に確認し、顧客に報告します。

図表9.4 顧客内シェアを高める方策

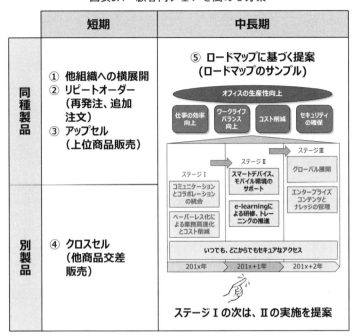

(2)（レベル2⇒レベル3）次の案件機会発掘の計画プロセスを確立する

契約締結後、次の案件機会について顧客と会話をするのは、いつ頃がよいでしょうか。一般的には、ソリューションが顧客に導入された結果、顧客から入金があったタイミングや、ソリューションの評価が終わった時点で、次の案件機会について顧客と会話します。

次の案件機会を発掘するためには、以下の5つの切り口があります（図表9.4）。
① 他組織への横展開
② リピートオーダー（再発注、追加注文）
③ アップセル（上位商品販売）
④ クロスセル（他商品交差販売）
⑤ ロードマップに基づく提案

それでは、それぞれについて見てみましょう。

① 他組織への横展開

　今回の案件と同様の悩みや課題を抱えている他部門や他事業所、関係会社などを紹介してもらうよう顧客に依頼して、今回のソリューションの横展開を図ります。紹介してもらった他部門や関係会社を訪問する際には、紹介者に一報をして、筋を通してから訪問します。また、紹介してもらうだけではなく、顧客の協力を得て事例化し、それを横展開に使えば強力なツールになります。

　顧客に協力を依頼するにあたっては、自社の製品やサービスの販促を目的として利用することや、どのような媒体（ホームページや印刷物など）で活用するのかを知らせます。

　事例の典型的な構成は、次のようなものです。

- **お客様企業情報**：社名や業務内容、取材対象者の氏名・所属部署・役職・役割など（掲載可能かどうかは適宜確認）
- **お客様が抱えていた課題**：ソリューション導入前に抱えていた課題の説明
- **ソリューションの選定ポイント**：ソリューションに対する要件など
- **候補に挙がった他社の製品・サービス**：他社名や製品・サービス名は伏して掲載
- **決定ポイント**：当社の製品・サービスの採用決定に至ったポイント（機能、特長、コスト、対応など）
- **導入・活用までのプロセス**：期間、苦労したこと、注意したこと、工夫したこと
- **結果の評価**：ソリューション導入によってもたらされた効果（コスト削減、売上アップ、業務効率向上など）を数字で示すのが望ましい
- **今後の展開**：今後、どう活用していくか（他組織への展開、機能拡張など）
- **当社の製品やサービスに対する感想や今後の期待**

　顧客に一から事例の記事原稿を書いてもらうのではなく、こちらでできるだけ書けるところは書いて、顧客に修正・追記をしてもらうようにしましょう。

② リピートオーダー（再発注、追加注文）

　リピートオーダーは単に商品の追加注文で、消耗品の追加オーダーなどがその典型例です。

③ アップセル（上位商品販売）

　アップセルとは、ある商品（例：価格は低いが処理能力の低いコンピューター）を購入してもらった顧客に対し、より高価格な商品（例：価格は高いが処理能力が高く、将来の拡張性も高いコンピューター）を勧めてアップグレードしてもらう販売方法のことです。

　アップセルは、顧客の購入点数は増えなくとも、より価格の高いものに移行してもらうことで、売上を向上させるのが狙いです。これはもちろん、今回の案件で提案したソリューションに顧客が満足していることが前提です。

④ クロスセル（他商品交差販売）

　クロスセルとは、ある商品（例：メール・システム）を購入してもらう追加として、その商品に関連する商品（例：メールのセキュリティ監視ツール）も買ってもらう販売方法です。

　クロスセルでは、顧客あたりの販売点数を増やして、売上を増加させることを狙います。クロスセルを成功させるのも、顧客の課題が出発点です。今回提案したソリューションではカバーできなかった課題のうち、今回の課題と関係して優先度の高いものを提案します。

⑤ ロードマップに基づく提案

　第6章で説明した営業ステップ2の成熟度3レベルの達成方法のように、課題に対する直近の解決策だけではなく、将来のあるべき姿を提言し、そこへ至るロードマップについても顧客と合意することが理想です。そうすれば、今回の契約に基づいたソリューション導入の次に取り組むべきソリューションの方針ができていることになります。

　通常、すぐには次のプロジェクトは始まらないでしょうから、ロードマップの実現に向けて、次の検討はいつ頃になりそうかを顧客と打ち合わせます。この情報は大変貴重ですから、アカウントプラン（**付録2.(1)**）の次の案件機会として、しっかりと記入してフォローできるようにします。

　注意点として、ロードマップがあると油断して、次の案件機会まで顧客と疎遠になり、気がつけば顧客が心変わりしていた、あるいは競合他社がこの顧客を取り返そうと強烈な営業攻勢をかけている、といったことも起こりかねません。顧客への業界最新動向や技術動向情報の提供、あるいはイベントへの招待や勉強会の開催など、何かと理由をつけて顧客とのリレーションを維持する努力が必要です。

第9章のまとめ

ポイント

◆ 契約を締結できても、手を抜かない。顧客にとってはここからが本番であり、提案した効果の実現と顧客満足度を確認することが大切

◆ 顧客内シェアを高めるほうが、新規顧客を開拓するよりはるかに効率が良い。そのためにも顧客が提供したソリューションに納得し、満足しているかを確認する必要がある

◆ 営業ステップ1からステップ4までを通して得た、顧客の信頼や顧客企業に関する情報を活用して、リピートオーダーやクロスセル、アップセルの計画を立てる習慣をつける

◆ 課題に対する直近の解決策だけではなく、将来のあるべき姿を提言し、そこへ至るロードマップについても顧客と合意ができれば、次の案件発掘が非常にやりやすくなる

◆ 残念ながら、クレームをもらったり問題が発生したりした場合でも、かえって信頼を得られるチャンスでもあると考え、しっかりと対応する

チェックリスト

☐ 契約後も能動的に顧客のソリューション活用状況をフォローし、トラブルや不都合が起これば、すぐに駆けつけて問題解決にあたっている

☐ 定期的に顧客満足度調査を行っており、営業活動やマーケティングの改善に活用している

☐ 契約締結後、タイミングを見計らって次の案件機会について顧客と会話をすることが、標準の営業プロセスになっている

☐ 満足したお客様が自発的に語る言葉ほど信頼される言葉はない。提案したソリューションの横展開のために、顧客に事例になってもらえるように積極的に働きかけている

☐ 同様の課題をもつ他部門や関係企業などを紹介してもらうように、必ず依頼するようにしている

10

営業戦略は、日々の営業活動を効果的にする

「戦略とは、何をやらないかを決めることである」

──マイケル・ポーター
経営学者

1．営業戦略策定の概要

　営業力というものを、本書では「営業戦略策定」、「営業活動」、「営業管理」の３つのカテゴリーに分類していますが、この章では「営業戦略策定」の成熟度診断を行います（**図表10.1**）。営業戦略は、日々行われる営業活動に対し、そもそも、どこをターゲット顧客とすべきか、あるいは、どういう案件にはどの営業チャネル（対面営業、Web、テレセールス、販売パートナーなど）を使うのかといった大方針を与えます。また、営業管理に対しても、何を営業目標として営業活動をするのか、また、その実現をするためにはどういった管理指標を使うべきかといったことに関するガイドを提供します。

　上記のように営業チームの根幹にかかわることなので、営業戦略策定は主として営業リーダーの役割です。しかしながら、営業スタッフの方も、営業に関する見方を広げ、将来のリーダーを目指すためにお読みください。

図表10.1　営業戦略策定の位置づけ

図表10.2　営業戦略策定のメリット

	営業戦略なし	営業戦略あり
	闇夜のカラスを鉄砲でむやみに撃っている状態 	ターゲットの選定や他社との差別化を綿密に行い、狙い撃ち 
このケースが多い営業法	一般的な問題解決型の営業法。自社商品と関連が深い顧客の問題に紐づけ、ソリューション営業の体裁をとるため、それほど顧客を絞り込まない	課題解決型の営業法。経営変革や業務改革をするために投資をしようとしている企業で、自社の強みを活かせるところを選んでアプローチする
この結果…		
	行ける顧客、扱える案件にフォーカス ● 手当たり次第に顧客訪問をしようとし、貴重な時間を見込みのない顧客訪問に使ってしまう ● 売りやすい少額の案件ばかりを追いかけてしまう	行くべき顧客、扱うべき案件にフォーカス ● ここぞというターゲットのときにはどこにも負けないという営業力を発揮 ● そこでの洞察と経験を深めて、さらに得意分野を広げていく
最終的に…		
	無駄足が多くなり、売上が伸びない	大型案件、新規案件を効率的に獲得できる

　この営業戦略策定は、前章までで説明した営業ステップ1からステップ5までの、日々の営業活動の前にできていることが必要です。その理由は、行きあたりばったりで顧客を選んで営業活動をするよりも、まず戦略を作ってから行動したほうが、効率がはるかに良いためです（**図表10.2**）。

特に成績が上がらなくなると、営業パーソンは手当たり次第に顧客訪問をしてしまいがちです。また、突発的な顧客からの要望やクレームなどへの対応に追われると、つい目先のことだけに目を奪われてしまいます。貴重な時間を見込みのない顧客訪問に使ったり、少額の案件ばかりを追いかけたり、あるいは勝てる見込みのない提案をしたりしていると、闇夜のカラスを鉄砲でむやみに撃っている状態になってしまい、効果的な営業がおろそかになり、結果として売上が伸びなくなってしまいます。

　このような無駄足を極力なくし、効率の良い営業をするには、事前に営業戦略をよく練る必要があります。すなわち、市場や顧客をよく調べて狙うべきターゲットを絞り込み、競合他社との差別化方法を事前に練ってからアプローチするほうが、結果として効果的な営業ができます。

　特に課題解決型営業の場合、顧客を戦略的に選ぶ必要があります。前に、「課題解決型営業は、デザイナー住宅の建築家に似ている」と述べましたが、建築家は自分の得意分野の依頼しか選びません。純和風家屋の設計が得意な建築家は、洋館の設計は請け負わないのと同じです。

　このように言うと、「課題解決型営業は、顧客ターゲットの数を減らすのではないか」という声が聞こえてきそうです。しかし、顧客の問題が複雑化し、さらに顧客の商品に関する情報収集力が飛躍的にアップしている今、どこへでも売りに行ける営業というのは、結局打率が低い営業と考えられます。自社の商材をとにかく説明して、相手にいらないと言われれば、次の顧客をひたすらコンタクトするという営業方法であれば、たしかにどこへでも営業をかけられますが、提供できる付加価値が低く、無駄足が多いということになります。

　売る側も戦略的に選択と集中を徹底し、ここぞというターゲットのときにはどこにも負けないという差別化を発揮し、そこでの洞察と経験を深めてさらに得意分野にしていく必要があります。そして、日常の営業活動で迷ったときには、今からしようとしている行動が自社の営業戦略と整合性がとれているかをチェックすれば、脇道に逸れることもありません。

　日本企業では、作った計画や目標をやたらと「○○戦略」と呼びたがる傾向がありますが、選択と集中のメリハリのないものは戦略とは呼びません。たとえば、「我が社の戦略は、重要な既存顧客については深耕し、今後の成長のためには新規顧客も開拓することである」と言うのは、「全部やりたい」と言っているだけで何も言っていないのと同じですので、戦略ではありません。

　営業戦略とは、社外の機会や競合相手などの脅威に対して、限られた営業リソースを有効に活用するために、何を捨て、何に集中するのかが明確になっているものです。自社内の営業リソースとしては、対面型（訪問型）営業パーソ

第10章　営業戦略は、日々の営業活動を効果的にする

ンやテレアポやテレセールスをするチーム、さらに販売用ホームページやそれと連携する SNS の仕組みなどがあります。それに加えて、社外の営業リソースとしては、販売パートナーがあります。

多くの人は、戦略は経営企画やマーケティングが作るもので、営業には関係ないと思っているようですが、先進的な営業を行っている企業では、むしろ営業戦略があるほうが普通です。たとえば、IBM では全世界で、営業チームが戦略を作成するプロセスが標準化されています。各業種（例：金融サービス業、製造業、流通業）を担当する営業チームは、年初に自事業部門の戦略だけではなく、製品やサービス担当部門（例：ハードウェア製品関連の事業部、ソフトウェア製品関連の事業部、サービス関連の事業部）などの戦略を参照して、自チームの営業戦略を作成します。すなわち、各業種を担当する営業チームは、総売上高だけではなく、会社が戦略的に売上を伸ばしたい製品やサービスの売上も考慮しながら戦略を策定するのです。

たとえば、生命保険会社を担当する営業チームは金融サービス業向けの事業部に属し、彼らの戦略はこの事業部全体の戦略と整合性をもたせるとともに、ハードウェア製品関連の事業部が戦略的に販売していきたい製品にもフォーカスするような内容の営業戦略を作ります。

さらに、そうやって作成したチームの営業戦略をもとに、各営業パーソンが自身の営業戦略に落とし込みます。作成したものは、営業マネージャーのレビューを経て承認され、それに基づいて年間の営業活動を行います。これは、営業マネージャーと部下との間で合意される成果目標と結び付いており、年末に行われる人事評価の際にその達成度合いを振り返ります。

それでは、営業戦略策定の３つの構成要素である、「市場の把握とターゲットの選定」、「顧客対応アプローチの最適化」、「競合他社との差別化」について成熟度診断を始めたいと思います。

その前に一言。営業戦略を一念発起して作った後、外部環境や自社内の環境が変わっても、そのままにしている例をたくさん見ます。戦略は作りっぱなしではなく、時代の変化の中でそれを有効にし続けるために、更新し続けていく必要があります。市場は生き物のように変化しています。新たな需要が顕在化し、ターゲット市場を修正したり、競争相手が変わって差別化の方法も変えたりする必要が出てきます。営業戦略を一度作ったからといって安心せずに、大きな変化があったときには随時見直しを行いましょう。

2．「市場の把握とターゲットの選定」の成熟度診断

それでは、営業戦略策定のうちの「市場の把握とターゲットの選定」についての成熟度診断から始めます。

(1) 市場の把握とターゲットの選定の狙い

効率的に課題解決型営業を行うには、どの顧客がそのターゲットに向いているかの見当をつけることが必要となります。すなわち、社内外の環境変化によって経営や業務の変革を行う必要性があり、それに対してある程度の投資ができそうな企業を営業戦略のターゲットとします。営業パーソンはともすると、「行ける顧客」を訪問しがちですが、そうではなく、戦略的に「行くべき顧客はどこか」を明確にするのが、この狙いです。

既存の顧客に関しては、これまでの取引を通じて得た情報から見当をつけます。まだカバーできていない顧客は、市場や業界の分析を通してターゲットを選定します。「営業は商材の説明ができればよく、顧客の市場や業界の分析などは私の仕事ではありません」と言う営業パーソンもいますが、それでは時代の変化に取り残され、顧客に営業の価値を感じてもらえなくなってしまいます。

営業パーソンは、日々顧客のところに出入りしているのですから、顧客企業とその業界の変化をもっとも身近に感じ取っているはずです。そういった自身の現場感覚と、メディアや調査機関、あるいはコンサルタントや学者など、その道の専門家から二次的に入手できる市場情報と照らし合わせて、自分なりに情報武装できる有利な立ち位置にいます。そうして行った市場分析の結果から、どこが新規にターゲットとすべき顧客かを決めます。また、顧客の市場や業界分析の副産物として、日々の営業活動においても、顧客がどのような状況にあって、どのような課題をもっているのかも理解しやすくなり、課題解決型営業がしやすくなるメリットもあります。

(2) 「市場の把握とターゲットの選定」の成熟度の定義

それでは「市場の把握とターゲットの選定」に関する成熟度の3レベルの定義を説明します。あなた自身、あるいは自分の組織の現状レベルはどれに近いのかを選択し、下にある表の該当レベルにチェックを入れてください。

第10章　営業戦略は、日々の営業活動を効果的にする

● レベル1

➤ **状態**：日々の営業活動を行う前に、戦略的に営業がターゲットすべき顧客を明確にしていない。あるいは、市場や業界動向、これまでの売上データの分析が不充分で、ターゲットを明確に決められない

➤ **こうなる原因**：日々の営業活動に没頭し、限りある営業リソース（営業チームや各営業パーソンが使える時間と労力）をどこに割り当てると営業効率を最大化できるのか、という検討に時間を割いていない

➤ **このレベルにいる問題点**：明確なターゲットの意識なしに日々活動しているため、闇夜のカラスを撃っているような状態で営業効率が悪い

● レベル2

➤ **状態**：営業のターゲット層は一応明確に決めているが、それは既存顧客を中心に分析した結果である。インターネットなど手軽にお金をかけずに得られる情報がベースなので、市場に関する洞察は深くない。したがって、魅力的な潜在市場がどこにあるのかは定かではなく、新規にターゲットとすべき顧客に関しては、あまり確信をもてていない

➤ **こうなる原因**：既存顧客の売上履歴データや、簡便に入手できる市場の二次情報がベースで、分析手法も簡単なものを使っている

➤ **このレベルにいる問題点**：市場や業界に関する情報の質が低く、洞察や分析スキルが低いため、ぼんやりとした分析結果しか出てこず、キレのあるターゲット選択ができない。また、潜在市場を見落としている可能性があり、ビジネスを伸ばす機会を逃している

● レベル3

➤ **状態**：既存の顧客や顕在化している市場だけではなく、潜在的な市場についての情報収集、分析を行っている。分析にあたっては、さまざまな視点で仮説を立てて検証している。また、一過性ではなく毎年継続的に行い、市場に大きな変化があったときは随時分析し直している。

> あなたの現在の成熟度レベルをチェックしてください
> ☐ レベル1 ★　　☐ レベル2 ★★　　☐ レベル3 ★★★

185

3. 「市場の把握とターゲットの選定」の成熟度を改善する方法

(1) （レベル1⇒レベル2）既存顧客から重要顧客の見当をつける

「今のターゲット顧客はどこですか」と尋ねると、「いや、はっきりしていません。これから決めたいとは思っているのですが」と言われることがよくあります。ターゲットを明確にしないまま、何となく営業活動をしている会社が意外に多いと感じます。

ターゲット顧客を選ぶには、市場や業界情報を入手して分析する前にすべきことがあります。それは、自社ビジネスがどうなっているのかを詳細に確認することです。この情報は、外部環境に関する資料をたくさん集めて分析するよりはるかに有用です。なぜなら、自社が達成してきた営業の成果情報がもっとも信頼でき、その詳細もわかるからです。また、戦略作りの定石は、自分の強みや活用できるリソースを活かすことであり、自社の実績データの分析からそれらを見出すための手がかりにすることができるからです。

まず、既存顧客の中で、自社にとって重要な顧客はどこかを分析します。**図表10.3①**を参照してください。横軸は「売上や収益規模」、縦軸は「顧客内シェア」です。各既存顧客が、この4つの象限のどこに位置するのかを検討し、自社にとって重要な顧客を選び出します。

ここでいう横軸の「売上や収益規模」とは、検討対象企業のそれを表しています。この規模の大小で、販売したい商品に関連する予算の大小も大体想定できます。したがって、横軸は潜在的な販売機会がどのくらいあるのかを表していると言えます。たとえば、IT製品やサービスを大企業に販売しようとする場合、業界ごとに、大手製造業は1％前後、金融業は4％前後などと、総売上額の何％をIT投資に回すのかが大体わかっています。よって、総売上額がわかれば、おおよそのIT投資額がわかると言えます。

総売上額などの企業情報の取り方はさまざまです。たとえば、大きな図書館には以下の資料がよく所蔵されていますので、調べてみて必要箇所をコピーするとよいでしょう。

- 東商信用録（東京商工リサーチ）
- 会社四季報（東洋経済新報社）
- 帝国データバンク会社年鑑（帝国データバンク）
- 日経会社情報（日本経済新聞社）

縦軸の「顧客内シェア」は、顧客企業が同じ種類の商品を複数のベンダーから購入している場合、その総額に対する自社商品の金額の割合です。正確にはわからないにしても、自社製品が顧客企業において占有的なポジションにある

第10章　営業戦略は、日々の営業活動を効果的にする

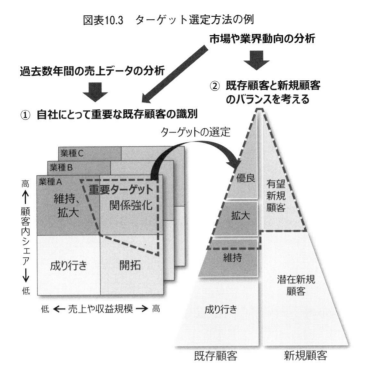

図表10.3　ターゲット選定方法の例

のか、逆に競合他社の牙城で自社製品はほとんど入り込めていない、という情報をもっていることは多いと思います。それを使うところから始めて、だんだんとより精度の高い数字に置き換えていけばよいのです。

既存顧客に対する営業効率は、新規顧客開拓に対するそれと比して5倍良いと言われているため、既存のビジネス内容をしっかりと押さえ、既存顧客のうち、今後の重要ターゲットをどこにするのかを検討します。具体的には、以下のデータを過去数年間にさかのぼって収集して、分析します。

- **誰に何を売ってきたのか**：売上の多くを占める顧客はどこか。売れている商品やサービスは何か。過去2、3年の傾向を見ると、何か顕著な変化はあるか
- **顧客の当社に対する好意度はどうか**：こちらに好意をもっている顧客、ロイヤルティの高い顧客はどこか
- **顧客の購買志向の特徴は何か**：顧客はなぜ当社から購買するのか。顧客の関心は価格が中心なのか、あるいはこちらの提供する付加価値が中心なのか

- **競合他社からの攻撃状況**：競合他社からのアプローチはどのような状況か。当社から顧客を奪い取ろうとする激しさはどの程度か

どの顧客にどれだけ売り上げたかという基本的データは把握しているでしょうが、上記のような分析までしていない企業は意外に多いと思います。この分析を行って、既存顧客の中で「優良顧客」や「拡大顧客」、「維持顧客」に対応するのがどこかを決定します。ここで、「優良顧客」とは最重要顧客、「拡大顧客」とは優良顧客に次ぐ重要顧客で、取引の拡大を狙う顧客、さらに「維持顧客」とは競合他社からの攻撃を防いで、少なくとも現状維持を目指す顧客です。

これらの既存顧客のターゲットに対しては、新規案件の発掘やリピートオーダー、アップセル、クロスセルを狙います。それぞれの販売方法については、9章の説明を振り返ってください。

図表10.4は、売上履歴の調査票サンプルイメージです。

図表10.4　売上データ履歴調査票の例

顧客名	業種	年間売上	商品名	営業頻度	競合状況	顧客の好意度	価値志向	新技術に対する購買行動	商品が満たしている顧客のニーズ
A社									
B社									
C社									
……									

各列の説明（年間売上と商品名の説明は省く）

- 業種：総務省の統計基準にある日本標準産業分類などを参考に分類
- 営業頻度：対象企業にどれくらい頻繁に営業しているかの度合い（高・中・低や時間）
- 競合状況：競合他社がこの顧客を奪取しようと攻めてきている厳しさ（高・中・低）
- 顧客の好意度：ロイヤルティの高い顧客か、きまぐれ顧客か、競合相手の顧客か（高・中・低）
- 価値志向：価格志向かサービス価値志向か（例：最高クラスのテクノロジーとサービスを望む）
- 新技術に対する購買行動（新しいモノ好き、フォロワー、リスク重視など）
- 商品が満たしている顧客のニーズ（顧客は何を解決するために提供商品を買っているのか）

第10章　営業戦略は、日々の営業活動を効果的にする

　顧客数が多い場合は、80対20の法則（パレートの法則）に基づき、全体の80％の売上を占めるトップクラス企業群だけを調査するだけでも充分に価値があります。おそらく、全顧客数の20％くらいの顧客数に絞れます。また、この時系列的な変化を見るためのデータ収集は、過去数年間までさかのぼる必要があります。

　この調査の結果を分析すると、たとえば、次のようなことがわかります。

- 全売上の80％を占める企業はトップから何社までか
- どの業種の企業に一番売れているのか
- どの売上規模の企業（大企業、中堅企業、小企業）にもっとも売れているのか
- 営業活動にかけている時間と労力は売上に見合っているのか（売上高と営業頻度との対比より）
- 売上が多いのは、どういう購買特性をもった企業か（「価値志向」のデータより）
- 自社に対するロイヤルティが高い企業は多いのか、少ないのか
- 優良顧客のうち、競合相手に攻め込まれるリスクが高いのはどこか（「競合状況」のデータより）
- 購買の理由でもっとも多いのは、どういうニーズか（「商品が満たしている顧客のニーズ」のデータより）

　上記は分析のほんの一例です。さらに経年変化も見ることで、時の流れとともに、売れ筋商品や顧客層の変化を発見することができます。このような分析によって、これまでの販売パターンや自社の強みや弱みがわかると同時に、優良顧客や拡大顧客、維持顧客のターゲットが見えてくるはずです。

　さらに、課題解決型営業のターゲットを明確にするために、市場や業界の動向も把握し、経営や業務の変革など、大きな課題に取り組む必要性に迫られている企業を識別します。次に説明します。

(2)　（レベル１⇒レベル２）市場や業界の動向も考慮して課題解決型営業のターゲットを決める

　顧客企業や業界を取り巻く環境を知るためには、PEST という検討軸で見る方法があります。

　PEST とは、Politics（政治）、Economy（経済）、Society（社会）、Technology（技術）の頭文字で、これら４つの要因には以下のようなものが含まれています。

- **Politics（政治）の要因**：法律や規制の変更、政権の変化など

- Economy（経済）の要因：景気動向、経済成長率、物価、金融市場動向など
- Society（社会）の要因：人口動態、世論、流行、治安、教育など
- Technology（技術）の要因：イノベーション、新技術、特許、IT 活用など

図表10.5は PEST 分析の例ですが、分析の広さ、深さには際限がありません。効率的に行うためには、普段から顧客や業界に関係すると思うニュースや雑誌の情報に接したとき、その情報を PEST の観点から分類しながらメモする習慣をつけるとよいでしょう。集め始めると芋づる式に関連情報が集まり、興味が湧くとともに、洞察が深まる情報収集ができます。

このようにして得た市場や業界に関する情報を活用して、どの顧客が法令・規制や経済、社会、技術の環境の変化に対応するために、経営や業務の革新に取り組みそうかの見当をつけ、課題解決型営業に適する顧客を識別します。

市場や業界に関連する情報源としては、以下のようなものが考えられます。

● 官公庁関連（各種白書、調査）

官公庁の資料には、時間と手間をかけて作成された有用なものが多いと思います。人に説明するときも、引用元が官公庁の場合、ベンダーが自社に都合が良いように作成した資料ではないため、説得性が増します。

- 商業統計、工業統計、サービス業統計など（経済産業省）
  http://www.meti.go.jp/statistics/
- 業界団体などへのリンク（経済産業省）
  http://www.meti.go.jp/network/data/b300001j.html
- 人口、物価、労働力、消費支出など（総務省統計局）
  http://www.stat.go.jp/
- 交通、土地、建設（国土交通省）
  http://www.mlit.go.jp/statistics/details/

● 民間（メディアや調査会社、シンクタンクなど）

- ビジネス雑誌、専門誌
- 新聞
- トレンド本
- 業種別審査事典（発行：社団法人金融財政事情研究会）

  これまで縁のなかった業種の企業を、急に担当する必要が出てきた場合などに役立ちます。業種の特色や、業界動向、業務に関連する情報、関連

第10章 営業戦略は、日々の営業活動を効果的にする

図表10.5 PEST分析の例

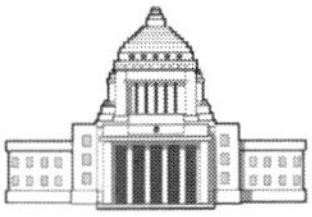

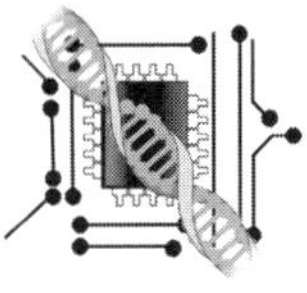

		外部環境要因
	Political <政治的観点>	・復興の加速、国土の強靭化 ・TPP参加 ・戦略的国際標準の獲得 ・消費増税 ・環境保護規制の強化 ・電子政府プロジェクトの進展
	Economical <経済的観点>	・業界の再編成 ・グローバル化の進展 ・労働力人口の減少 ・外国人労働者の増加 ・製品ライフサイクルの短縮化 ・電子商取引市場の拡大
	Social <社会的観点>	・高齢化・少子化 ・柔軟な勤務形態 ・女性・高齢者の社会進出 ・さまざまな格差の顕在化 ・セキュリティーなど、リスクに対する意識の高まり
	Technological <技術的観点>	・インターネット環境の普及 ・ユビキタス社会の到来 ・バイオ技術 ・再生医療技術 ・技術革新で製品の低価格化 ・技術革新のスピード加速化

どの顧客が外部環境の変化に対応するために、経営や業務の革新の必要性に直面しそうか？

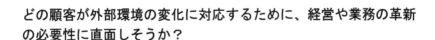

課題解決型営業に適した顧客の見当をつける

191

法規制、業界団体情報などがコンパクトにまとめられています。比較的大きな図書館では蔵書になっていることもあり、借りることができます。

　たまたま入手できた資料をただ眺めるだけ、そのまま利用するだけではあまり有用な情報は得られません。分析のコツは、手に入れるべき情報は何かを先に意識してから、情報収集を行って分析することです。少なくとも、市場規模の推移、市場シェアの構造、市場構造を変化させる要因、今後の市場の方向性、市場における顧客企業の立ち位置は押さえるべきです。そのための情報を入手し、足らない情報は仮説などを立てながら、加工して補完します。

　分析の手順の基本は、以下の6ステップです。
① 得たい市場や業界情報は何かを決める
② 比較的簡単に手に入る情報を予備的に集めてみる
③ 予備情報収集の結果をもとに、得たい情報を入手するための仮説を立てる
④ 仮説をもとに、本調査のプランを策定する
⑤ 本調査を行う
⑥ 本調査の結果を分析する

　課題解決型営業の場合、これから成長軌道に乗れるチャンスが増すような動向、あるいは人口構造の変化や新たな法令の制定のように、外部環境の変化に合わせて行わざるを得ない経営革新や業務変革などに注目しながら、分析を行うことが重要です。さらに、既存顧客だけをフォローし続けるだけでは、売上を維持するのが精一杯か、ジリ貧になってしまう恐れがあります。将来、成長するには、有望な新規顧客も選択も必要です。そのためにも、市場や業界の動向を分析した結果を利用します。

　限りある営業リソースを、既存顧客と新規顧客に対してそれぞれどのくらい割り当てるのかは、既存と新規、それぞれの短期的な売上の期待値と中長期の成長性を考慮して決定します（**図表10.3②**）。

(3) （レベル2⇒レベル3）顕在市場だけでなく、潜在市場も分析する

　既存市場以外に大きな潜在市場があるのかどうかは、営業戦略を策定するうえで検討すべき大きなポイントです。競争がすでに激しい既存市場よりも、商品の価値がいまだわかっていない潜在顧客がいれば、ビジネス拡大に大きな余地が生まれます。潜在市場に、すでに代替ソリューションを提供している企業があれば、そことの競争になりますが、存在しなければ、ホワイトスペースを見出したということであり、大きな狙い目となります。

　潜在市場の大きさとは、「ある仮説に基づいたとき、顧客になる可能性のあ

る顧客とのビジネスの規模」であり、どのような仮説を立てるのかで決まってきます。

図表10.6　AIDMA モデルによる潜在市場検討の例

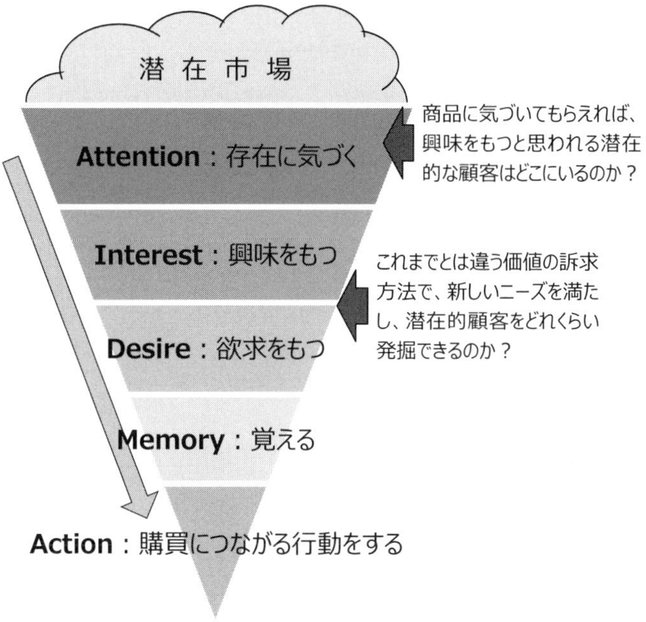

潜 在 市 場

Attention：存在に気づく

商品に気づいてもらえれば、興味をもつと思われる潜在的な顧客はどこにいるのか？

Interest：興味をもつ

これまでとは違う価値の訴求方法で、新しいニーズを満たし、潜在的顧客をどれくらい発掘できるのか？

Desire：欲求をもつ

Memory：覚える

Action：購買につながる行動をする

例として、マーケティングでよく用いられる AIDMA モデル（**図表10.6**）を使って考えてみましょう。AIDMA とは、以下の頭文字をとった用語です。

- Attention：存在に気づく
- Interest：興味をもつ
- Desire：欲求をもつ
- Memory：覚える
- Action：購買につながる行動をする

たとえば、「Attention：存在に気づく」に関しては、「商品に気づいていないが、気づけば興味をもつ」と思われる潜在的な顧客はどのくらいいそうか、これまで、アプローチしたことのない業界や地域（海外も含む）などの顧客層はどうか、といった検討をしてみます。

また、「Interest：興味をもつ」については、「興味をもっており、ニーズを満たしたい欲求をもつ」という潜在顧客について考えてみます。たとえば、こ

れまでとは違う売り方で新しいニーズを満たせる可能性はどうか、その場合、顧客はどのくらいいそうかを推定して、ターゲット市場を絞り込んでいきます。

ある金型メーカーでは、これまで金型自体を売ることに注力していましたが、現在では、顧客のニーズは金型自体に対してあるのではなく、「最適な成形環境というのは、良い成型品の生産ができること」と捉え直し、メーカーとしては通常公開しないノウハウを提供するようにしました。すなわち、新しいニーズの捉え方に立って、営業方法を変革したのです。その結果、大きく売上を伸ばしました。

この潜在市場の分析結果を、たとえば、**図表10.7**のように短期的および中長期の市場の見通しをまとめます。この例では市場の切り口を業種にしていますが、もちろん、企業規模や地域など、他の切り口であっても構いません。図表にすることで、シェア構造が面積により一目でわかるようになります。

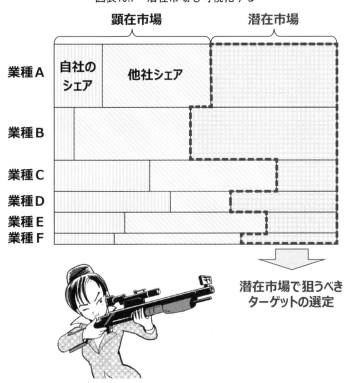

図表10.7 潜在市場も可視化する

4．「顧客対応アプローチの最適化」の成熟度診断

(1) 顧客対応アプローチの最適化の狙い

　前述の市場の把握とターゲットの選定に加えて、どのような案件を誰が扱うのかも戦略として決めておく必要があります。案件には、複雑な案件やシンプルな案件、あるいは事業所近郊の案件や出張しないと行けない遠方の案件など、さまざまなパターンがあります。

　どういう案件を、どの営業リソース（対面営業、テレセールス、Web、販売パートナーなど）がカバーするのかというルールを決めておくことも、重要な営業戦略です。そうすることで、組織全体で効率的に営業活動ができ、いざ実際の案件が発生した際にあわてないで済みます。

　この営業リソースの選択は、顧客ごとだけではなく、案件ごとにも必要です。たとえば、日本全国に支社や事業所、工場がある大企業の顧客の場合、その顧客をメインに担当する営業パーソンが決まっていても、1人でその顧客のすべての案件をさばくことは難しいでしょう。

　大型案件や複雑な新規案件については、担当の営業パーソンが扱うにしても、小規模かつ地方の事業所の案件については、その地方担当の別の営業パーソンにフォローを依頼すべきかもしれません。また、消耗部品の再注文のようなシンプルな案件はネット注文で対応してもらったほうが、顧客と売り手の双方にメリットがあります。

　このように、案件の特性に応じて対応すべき営業リソースを事前に決めておくと、混乱が生じにくくなります。もちろん、これは原則であり、時と場合によっては例外的な扱いが必要になります。

　また、注意すべきことは、メインで顧客担当をする営業パーソンは、地方事業所の案件を、その地方担当の営業パーソンにフォローを依頼したとしても、任せっぱなしで後は知らないということではいけません。担当顧客におけるすべての案件の進捗や結果を把握しておくことで、新しい案件の芽に気づいたり、その顧客で起こる案件をすべて把握していることにより、顧客から信頼感を得たりすることができます。

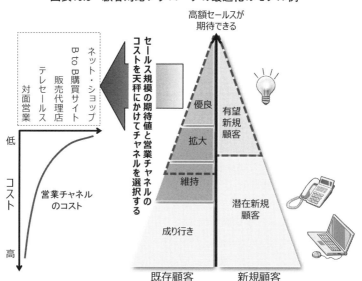

図表10.8　顧客対応アプローチの最適化のモデル例

　社内の営業リソースには、対面型（訪問型）営業と非対面型営業（テレセールスやネットショップ、B to Bサイトなど）があります。また、社外の営業リソースとして、販売パートナーなどが存在します。コスト的には対面型営業がもっとも高くつき、インターネットによる販売コストがもっとも安くあがります。ただ、複雑な商談が必要な案件には、インターネットは向きません（**図表10.8**）。

　このような各営業リソースの特性を活かして、顧客対応の仕方を最適化する必要があります。すなわち、比較的複雑な案件で高度な営業スキルが必要なものは対面営業に任せ、コスト志向・納期志向のシンプルな案件はシステム化されたネットでの販売処理に任せるといった具合です。また、自社の営業リソースではカバーできない地域や業界・業種は、協業の度合いも勘案して販売パートナーに任せることも考える必要があります。あるいは、パートナー企業の商品と組み合わせて、より付加価値の高いソリューションを作り、共同で販売活動を行うことも考えられます。

⑵　「顧客対応アプローチの最適化」の成熟度の定義

　顧客の特徴やさまざまなタイプの案件に対し、どの営業リソースがカバーするのが最適かというルールを決めることも重要な営業戦略です。この「顧客対応アプローチの最適化」に関する成熟度の3レベルの定義は次のとおりです。

第10章　営業戦略は、日々の営業活動を効果的にする

　あなた自身、あるいは自分の組織の現状レベルはどれに近いのか選択し、下にある表の該当レベルにチェックを入れてください。

● **レベル1**
- ➤ **状態**：顧客や案件にはさまざまなタイプがあるが、どの営業リソースを割り当てるかは案件が出てくる都度考えており、事前に決めてはいない
- ➤ **こうなる原因**：顧客や案件の特性を考えて営業リソースを割り当てれば、全体として効率が上がることを意識していない
- ➤ **このレベルにいる問題点**：営業リソースの割り当てに、ムダやムリ、ムラがあり、効率的な営業活動ができていない

● **レベル2**
- ➤ **状態**：顧客や案件の特性に応じて、割り当てる営業リソースを標準モデルとして決定しており、効率的な営業活動が全体としてできている。ただし、マーケティングチームと、需要喚起から、案件発掘、提案、クロージングまで、マーケティング・プロセスにおける端から端までの一気通貫での協業はできていない
- ➤ **こうなる原因**：営業組織内では、案件の特性に応じて最適な営業リソースを活用することができているが、マーケティングチームの活動との協業が不充分で、需要喚起から案件発掘、提案、クロージングまで、効率的で整合性のある活動まではできていない
- ➤ **このレベルにいる問題点**：マーケティングチームと営業チームの活動がちぐはぐで、会社全体で見ると非効率になっている。たとえば、マーケティングチームがイベントを打っても、営業チームがその後を充分にフォローできていない、顧客から見て一貫性のないメッセージが営業チームとマーケティングチームとでばらばらに出され、顧客を混乱させている

● **レベル3**
- ➤ **状態**：顧客や案件のタイプにより、対面型営業、非対面型営業、さらに社外の販売パートナーの特徴を活かした対応をしており、効率的な営業活動ができている。マーケティングチームとも連携がとれ、需要喚起から、その後の営業活動まで、全社的に整合性がとれ、効率的な活動ができている

あなたの現在の成熟度レベルをチェックしてください		
☐ レベル1 ★	☐ レベル2 ★★	☐ レベル3 ★★★

5．「顧客対応アプローチの最適化」の成熟度を改善する方法

⑴　（レベル１⇒レベル２）営業リソースの選択的活用のルールを作る

　重要顧客ターゲットを決めたとしても、実際にはその顧客でさまざまな案件に遭遇します。重要ターゲットの顧客だからといって大きな新規案件がいつも出てくるわけではなく、部品の補充注文のようなリピートオーダーや、地方の事業所の小さな案件で、自分が出張して対応すると費用も回収できないようなものもあります。また、顧客から紹介してもらった関係会社が、自分としてはフォローすべきターゲットではないこともあります。

　このような場合に、フォローすべき営業チャネルを即座に選べるようにルールを決めておきます。具体的には、次の３つを明らかにしておきます。

① 担当すべき顧客と、扱うべき案件を判断するための基準
② 案件の対応を依頼できる営業リソースの名前や組織名
③ 対応を依頼するためのプロセス、コミュニケーション法（電話、メールや依頼フォームなど）

　その結果、**図表10.9**のように、どの案件タイプはどの営業チャネルが扱うのかといった明確な仕分けができるようになります。

図表10.9　営業リソース選択の標準モデルのイメージ

顧客と案件のタイプ		営業リソース			
		訪問営業	テレセールス	販売パートナー	ネット販売
関係強化	XXX業界				
	XXX業界				
	XXX業界				
維持、拡大	XXX業界				
	XXX業界		● 各営業リソースが、どの顧客を担当するのかを決定		
	XXX業界				
開拓	XXX業界		● 具体的に、どの組織や人に依頼できるのかを明確にしておく		
	XXX業界				
非重点顧客	XXX業界		● また、対応を依頼するためのプロセスやコミュニケーション法も定めておく		
	XXX業界				
少額でシンプルな案件	XXX業界				
	XXX業界				
	XXX業界				

⑵ (レベル2⇒レベル3) 営業チームとマーケティングとの連携を確実にする

　営業部門とマーケティング部門の間に溝があるとは、多くの企業でよく聞きます。マーケティング部門が行う商品の価格設定や、メディアへの宣伝広告の打ち方、出費の額は、営業部門の現場感覚からすると、ズレている、あるいはムダに見えがちです。しまいには、「マーケティング部門は長期戦略だけ作っていればよい」とまで言う営業マネージャーもいます。

　マーケティング部門はどうでしょう。彼らからは、「営業部門は売りやすい商品ばかり売って、これから戦略的に育てていきたい商品を売ろうとしない」とか、「営業力がないから、値引きばかりして収益を減らしてしまっている」などといった声が聞こえます。こうして互いに非難の応酬をし合い、両部門間の協業がうまくいっていない企業を多く見てきました。

　しかし、会社の総合力を最大限に発揮するためには、営業チームとマーケティングチームが共通の戦略をもって、互いに協業しながら業務を行う必要があります（**図表10.10**）。

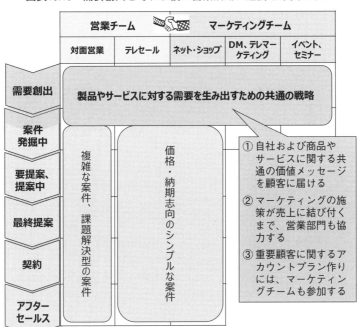

図表10.10　需要創出とそれ以後の営業活動の連携を確実にする

営業チームとマーケティングチームが協業しながら業務を行うためには、次の３つの施策がお勧めです。

① 自社および商品やサービスに関する共通の価値メッセージを顧客に届ける

マーケティング部門が宣伝や広告、イベントなどで訴求するメッセージと営業パーソンが顧客に語る内容に整合性が必要です。さもないと、顧客が混乱したり、こちらに不信感をもったりしてしまいます。

② マーケティングの施策が売上に結び付くまで、営業部門も協力する

マーケティング部門がイベントやセミナーを企画、開催してもやりっぱなしで、それがビジネスにつながることの確認をおろそかにしてはいけません。マーケティングに対する投資が、どのくらいの成果に結び付くのかの目標と、その結果をチェックする管理指標を決める必要があります。

マーケティング部門と営業チームは、その目標を達成できるよう協業します。たとえば、イベントを開催して案件のリードが出てきた場合、そのリードの質はどうであるとか、リードを営業チームがフォローした結果、どういうビジネスの結果に結び付いたのかを、マーケティングチームと営業チームでフォローし、互いに改善すべき点は修正していく必要があります。

③ 重要顧客に関するアカウントプラン作りには、マーケティングチームも参加する

営業ステップ１で説明したように、アカウントプラン作成は営業チームがリードしますが、マーケティングの人にも参加してもらうとよいでしょう。なぜなら、アカウントプラン作成には、顧客を取り巻く市場や業界の環境、顧客の経営戦略の分析など、マーケティングの人が得意な戦略的発想やロジカルシンキングのスキルが役立つからです。それに加えて、営業チームが得意な現場感覚、スピード感覚、さらに顧客との関係や組織の力学などに関する洞察を合わせれば、さらに良いアカウントプランを作ることができます。マーケティングチームの参加は、すべてのアカウントプランに対してではなく、重要顧客に関するアカウントプラン作りへの参加だけでよいでしょう。

このように、顧客に近い実戦志向のプラン作りにマーケティングチームが参加すると、彼らの市場に関する洞察や、営業チームが案件を発掘したりソリューションを提案したりするにあたって、どういう困難に直面するのかについての理解を深めることができます。この経験により、営業チームから見ても、より納得できるプランをマーケティングチームが作れるようになります。

6．「競合他社との差別化」の成熟度診断

(1) 競合他社との差別化の狙い

　企業ではビジネスの透明性や企業の社会的責任の重要性がだんだんと浸透し、比較的高額なものの購入にあたっては、相見積もりをとるのが当たり前になってきました。これは、資金の借入先や官公庁の監査など、社外のステークホルダーに対しての説明責任を果たすだけではなく、社内のガバナンス強化の機運が高まりつつある昨今、社内に対しても必要になるからです。

　このように、顧客のほうではベンダー（業者）の比較検討をするのが当たり前になっていますが、これまで顧客からの注文に応じるだけの受け身の営業をしている企業では、それに無頓着なところが多いようです。なぜなら、顧客のほうが、さまざまなベンダー（業者）の製品やサービスの比較検討をした結果、問い合わせや注文をしてくるため、どういう経緯で自社にコンタクトしてきたのかについてはあまり気にしないからです。

　それに対して、課題解決型営業になると、こちらから積極的に顧客へ提案していくことになるため、自社の製品やサービスがなぜ他社のものよりも顧客に適しているのかについて、説得する必要があります。競合他社との差別化ポイントを説明するための準備を、営業パーソン一人ひとりがするよりも、組織として差別化戦略を策定することで効率を高めるとともに、マーケティングや製品企画部門などと協業して、衆知を集めて高品質なものを作成する必要があります。

　この差別化戦略を策定すると、自社の強みを活かせる顧客層とそうではない顧客層もはっきりしていきます。この知見をターゲットの選定に反映することも必要です。

(2) 「競合他社との差別化」の成熟度診断

　営業チームとして、自社が競合他社と比して、どこに優位性があり、それが顧客の課題解決にどう寄与するのかを、あらかじめ明確にしておくことも重要な営業戦略です。

この「競合他社との差別化」に関する成熟度の３レベルの定義は、次のとおりです。あなた自身、あるいは自分の組織の現状レベルはどれに近いのかを選択し、下にある表の該当レベルにチェックマークを入れてください。

● レベル１
  ➤ **状態**：競合他社に対する情報はほとんどなく、したがって明確な差別化戦略もない
  ➤ **こうなる原因**：顧客からの問い合わせや注文を待つ受け身の営業方法で、顧客がどのような他社との比較検討をしたのかを特に気にしていない。そのため、これまで競争相手の分析の必要性をあまり感じていない
  ➤ **このレベルにいる問題点**：攻めの営業ができず、売上が下がってきても顧客からの問い合わせ待ちなので、有効な対処ができない

● レベル２
  ➤ **状態**：これまでの営業活動で得た競合相手に関する情報や、雑誌、インターネット、調査会社の資料などから、顕在化している競合に関する情報を収集・分析している。その結果をもとに、他社との差別化要因を明確にする資料を作成し、営業チームで共有している。ただし、潜在的競合や代替品の脅威などについての分析はほとんどされていない
  ➤ **こうなる原因**：潜在的競争相手や代替品の脅威に関する認識がほとんどない。あるいは認識はあっても、その分析にまで手間をかける余裕がない
  ➤ **このレベルにいる問題点**：顕在化している競合相手ではない他社に、ビジネスを奪われる恐れがある

● レベル３
  ➤ **状態**：直接の競合他社の製品・サービスに関してだけではなく、潜在的競合や代替品の脅威などに関しても情報収集・分析を行い、その結果を営業戦略策定や日々の営業活動に活かしている

> あなたの現在の成熟度レベルをチェックしてください
> ☐ レベル１ ★　　☐ レベル２ ★★　　☐ レベル３ ★★★

7.「競合他社との差別化」の成熟度を改善する方法

⑴ （レベル１⇒レベル２）顕在化している競合との差別化戦略を立てる

　販売する製品やサービスを競合他社と比較するにあたっては、顧客が重視する点で競合より優れているのかどうかがキーです。顧客にとって関心のない部分について優位性を力説されても、顧客の購買意欲が湧かないのは当然です。

　図表10.11は、パソコンの競争力検討用ワークシートの例です。左列には顧客にとって重要と思われる項目を列挙します。重要度は、日々の訪問で得た顧客の声などで把握した相対的な重みで決めます。また、製品自体の機能や性能だけではなく、サービス体制やブランドイメージのように競争力の差異化に意味のある要素も列挙します。さらに、競合他社に対する競争力を数値で比較できるよう、評価項目の重要度（重み）を各項目の最高点として、自社と競合他社をそれぞれ採点し、互いの差異を比較して、自社の強み、弱みを把握します。

図表10.11　商品の競争力検討用ワークシートの例

評価項目		重要度	自社	X社	差異
機能やスペック	性能（例：CPU、メモリー、ストレージ、バッテリーの持ち時間、通信機能・インターフェース）	15			
	操作性（例：画面サイズ、解像度、タッチパネルの有無）	11			
	重量	10			
	耐久性	10			
デザイン		8			
価格		15			
サービス	無料相談	4			
	無料セットアップ	4			
	保証条件	4			
	グローバルなサポート体制	6			
ブランドイメージ		3			
実績		10			
合計スコア		100			

こうして明確にした差別化分析の結果は、営業の現場ですぐに使えるようにしましょう。エレベーターで顧客と乗り合わせたときに「御社の○○という機能は、Ｘ社の製品とはどう違うのですか」と聞かれたら、即回答できる必要があります。このため、差別化のポイントをごく短く要約した定型文を用意し、エレベータートーク※ができるようになるまで、話す練習をするとよいでしょう。

※　エレベータートークとは、30秒程度の間に自分の話を簡潔に伝えることです。アメリカのシリコンバレーで、起業家が投資家の勤めるビルのエレベーターの前で待ち伏せをし、偶然に乗り合わせたかのようにして、ごく手短に自分の事業計画の要点を伝え、資金調達に成功したエピソードが由来と言われています。

⑵　（レベル２⇒レベル３）差別化戦略で潜在的競合や代替品の脅威も対象とする

　乗用車ではトヨタ対日産やホンダ、あるいは携帯電話ではＮＴＴ対ソフトバンクやＫＤＤＩなどは有名ですが、「貴社の商品やサービスに関し、比較すべき競合他社はどこですか」という質問には、意外に答えるのが難しいものです。
　「業界」の定義は、「互いに代替性の高い製品あるいは製品グループを提供する企業の集団」ですが、この定義に基づいて考えると、意外と見落としている潜在的競合が多いことに気づきます。すなわち、現時点では競合になっていないが、これから顕在化すると思われる参入者の存在です（**図表10.12**）。

図表10.12　潜在的競合や代替品の脅威も検討する

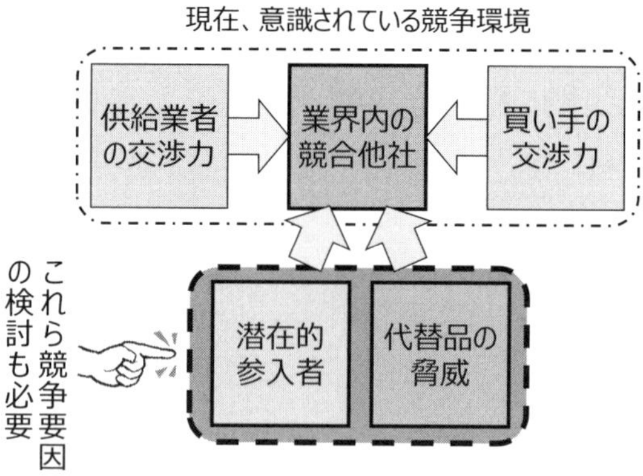

また、代替品の脅威も考慮する必要があります。代替品とは「ユーザーのあるニーズを満たせる、既存の製品ではない新しい製品」のことです。たとえば、いわゆる破壊的技術を用いた製品の登場で、一見盤石と思えた製品が大きな損害を被った事例には事欠きません。コンピューター市場で言えば、IBMのメインフレーム・コンピューターが、ダウンサイジングやテクノロジーのオープン化の波により、安価なクライアント・サーバー型のコンピューターによる地滑り的打撃を被りました。また、カメラ市場では、銀塩カメラと写真フィルムの市場がデジタルカメラに席巻されました。このように、代替品の脅威にもアンテナを張って、注意を怠らないことが必要です。

コラム：営業パーソンのためのインセンティブ

　営業パーソンの給与と言えば、インセンティブを連想する方も多いと思います。すなわち、出来高や成績に応じて給料が決まる方式です。たとえば、「基本給60％、歩合給40％」というように、固定部分を設けて給与に安定性をもたせて社員の生活に配慮するとともに、高いパフォーマンスを狙う意欲をもたせることも意図しています。適切なインセンティブを設定するのは簡単ではありません。営業パーソンのやる気を向上させて収益を伸ばし、しかも人件費を適切なレベルに抑えるようにどうセットするのか、どこの企業も苦労しています。

　たとえば、個人に与えるのか、チームに与えるのか、あるいは業績に応じて累進的にインセンティブが増えるほうが良いのか、結果系の指標（典型的には売上ノルマ）だけにするのか、それともプロセス系の指標（提案件数など）も加えるのかなど、検討すべき点は多々あります。

　近年は低成長経済の下、競争も激しく製品も高度化しているため、営業手法もどんどん複雑化してきています。アカウントプランを作成し、顧客攻略の戦略を作り、顧客の課題を発見し、さまざまな製品を組み合わせてトータルなソリューションを提案するといった具合です。このように、営業パーソンもプランナー的な企画力や創造性、さらにチームで仕事ができる力が求められるようになっています。また、大型案件を狙う場合、案件の発掘からクローズまで数ヵ月かかるのはザラで、場合によっては何年もかかることがあります。

　課題解決型営業法で大型案件を狙う営業パーソンには、あまりにも個人の成績を偏重したり、短期的な結果だけを求めたりするようなインセンティブは向かないと思います。

第10章のまとめ

ポイント

◆ 行きあたりばったりで顧客に対して営業活動をするよりも、まず営業戦略を作ってターゲットを明確にしてから行動したほうが、結局は効率が良い

◆ 特に課題解決型営業の場合、どこにでも営業をかけるのではなく、ターゲットに関する選択と集中を徹底する必要がある。市場や業界の変化などから、経営や業務の変革などに取り組む必要性に迫られている企業を選ぶ

◆ 営業戦略とは、限られた営業リソースを有効に活用するために、何を捨て、何に集中するかを明らかにしているものであり、行ける顧客、扱える案件ではなく、行くべき顧客、扱うべき案件を明確にするものである

◆ 既存顧客だけをカバーし続けるだけでは、売上を維持するのが難しくなる。成長を続けるには、新規顧客も開拓する必要がある。そのためには、既存市場以外のどこに魅力的な潜在市場があるのかを検討し、そこにどれだけの営業リソースを使うのかを決定する

◆ 社内の対面営業や非対面営業、社外の販売パートナーなどの営業リソースの間で、どのリソースがどういう顧客や案件を扱うのが会社全体として効率的なのかを決め、案件の依頼先や依頼プロセスを明らかにしておく

チェックリスト

☐ 販売履歴データを過去数年間にさかのぼって分析し、自社の重要ターゲットや勝ちパターン、逆に弱みや改善が必要なポイントを把握している

☐ 短期的および中長期に関して、それぞれどの顧客をターゲットにするべきかの選択と集中ができている

☐ 競合他社との差別化戦略を立てるにあたっては、顧客が重視する点において、競合に対する強み・弱みを分析している

☐ 広告やイベントなどによる需要創出から、営業資料を使った案件化、提案などに関して、マーケティングチームと営業チームの間で無駄のない連携ができている

☐ 営業戦略を定期的に見直し、大きな変化があったときには随時営業戦略の修正をして、常にその有効性を維持するようにしている

11

営業管理により、チームで安定的に営業目標を達成する

「組織の最小単位にまで目標を細分化することが必要です。そして、それぞれが懸命に自分の目標を追求していくのです。各部門で目標が達成できれば、全体の目標も自ずから達成されていくはずです」

──稲盛和夫
京セラ・第二電電（現KDDI）創業者

1．営業管理の概要

　この章では「営業管理」についての成熟度診断を行います。営業管理は日々の活動を管理して、営業目標を達成しようとするのが目的です。

　毎日の営業活動に最善を尽くしているつもりでも、目標を達成できるとはかぎりません。そのため、営業リーダーは、会社が求める収益の目標を、組織として達成するために管理をすることが重要です。また、各営業パーソンも、人事評価と報酬を上げるために、自身のパフォーマンスを管理することが必要です。

　営業管理には、次の２つの構成要素があります（**図表11.1**）。

(1)　案件パイプラインの管理

　案件パイプラインとは、案件の発掘段階から、見込み客化、提案活動を経て、契約締結まで、どの段階に、どういう案件があるのかを可視化することです。あたかも複数の案件が、透明のパイプの中を進んでいくのを管理するイメージです。これにより、当期や次期以降に契約できる見込み金額はいくらになるのかを予測し、目標達成の確度を管理します。

(2)　営業指標による管理

　指標とは、評価をするためのモノサシのことですが、２種類あります。１つ目は、売上高や利益額のような目標の達成度に関する直接的な指標です。２つ目は、顧客への訪問回数や見込み客化率のように、目標達成のために、あるべき行動を推進するための指標です。

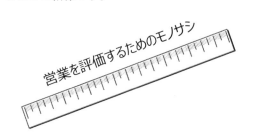

第11章 営業管理により、チームで安定的に営業目標を達成する

図表11.1 営業管理の位置づけ

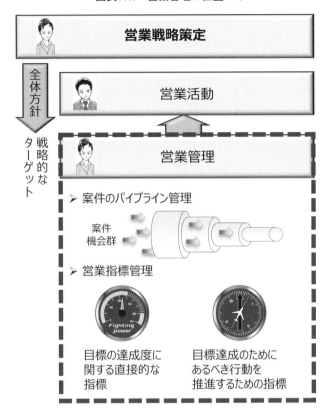

2．「案件パイプラインの管理」の成熟度診断

(1) 案件パイプライン管理の狙い

　「最近成果が上がっていないのは、たまたま運が悪いだけです。絶対、大きな契約を獲得して埋め合わせをしますから」などと営業パーソンは言いがちです。しかし、会社の視点から言えば、一発屋よりも目標をコンスタントに達成できる営業が求められているのです。

　ゴーイング・コンサーン（going concern）という言葉を経営学の授業で習ったことがある人もいると思います。これは、「ビジネスを継続することは、企業の社会的責任である」という原則のことで、一般に企業はこれに基づいて経営されています。会社が商品やサービスを販売して収益を得られるのは、それが社会に提供する価値の見返りであるからです。そうやって得たお金で社員を雇用し、社員は家族と生活ができます。また、納入業者や販売パートナーにも支払いができるのです。

　このように、永続的に企業を維持・成長させることは非常に価値があることなのです。たまに良い業績を上げても、その後はずっと低迷してしまうといったジェットコースターのようなアップダウンの激しい業績の営業パーソンばかりでは、継続的な経営は難しくなります。したがって、一人ひとりの営業パーソン、そして営業組織全体が安定的に毎期の目標を達成していくことが大切なのです。

　課題解決型営業が陥りがちな落とし穴は、ある案件に集中してしまうと他の案件に目配りができなくなってしまうことです。たしかに、課題発見から、ソリューション・コンセプトの作成、提案の詳細化、契約、納入まで手を抜くことはできません。また、そうやっているうちに、顧客に感情移入して一つの案件に夢中になってしまうと、他の案件に目がいかなくなってしまいがちです。

　けれども、集中的に追求していた案件が一段落して、今期は営業目標を達成できそうでも、次期は案件が何もないことにハタと気づいたらどうでしょうか。案件発掘にも時間がかかるため、次期の営業目標を達成することは難しくなってしまいます。ましてや、取り掛かっていた案件をとりこぼしてしまうと、今期の目標も実現できないという目も当てられない状況になってしまいます。

図表11.2　案件パイプラインと製造ライン

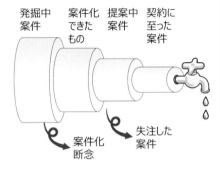

　このようなことを避けるのが、案件パイプラインの管理の目的です。これは、契約に到らない案件が発生することも考慮して、案件を多めに発掘して複数の案件の進行を管理することにより、毎期の目標達成を実現しようというものです。

　この考え方は製造ラインと似ています。モノの生産においては、歩留（ぶどまり）といってある一定の率で不良品が出ます。それを考慮して、目標の生産量を達成するために多めの材料や部品を製造ラインに投入しますが、それと同じ考え方です（**図表11.2**）。

　営業リーダーはもちろん、各営業パーソンも営業成績の乱降下を避けるために、この案件パイプラインの管理を行う必要があります。複数の案件の進行を管理して、それぞれの営業ステップを確実に前進させることに慣れるまでは、難しく感じるかもしれません。しかし、営業成績の乱降下を防ぐにはこの方法しかないため、ぜひ行ってください。

(2) 「案件パイプラインの管理」の成熟度の定義

この成熟度の3レベルの定義を以下に説明します。あなた自身、あるいは自分の組織の現状レベルはどれに近いのかを選択し、下にある表の該当レベルにチェックを入れてください。

● レベル1

➤ **状態**：案件のパイプライン管理をしていない

➤ **こうなる原因**：問い合わせなどを起点とする、注文が来るのを待つ営業スタイルであり、新規の案件をこちらから発掘しようとしないため、案件パイプラインという概念がない。あるいは、一案件だけに集中しがちで、複数案件を併行して進めていくのが苦手である

➤ **このレベルにいる問題点**：営業成績のアップダウンが激しく、営業目標を安定的に達成するのが難しい

● レベル2

➤ **状態**：現在進行している案件追求のかたわら、新しい案件の発掘も行っており、案件パイプラインを維持することを心がけている。ただし、過去の営業活動の実績データに基づいた、案件獲得の確率や案件をクローズするまでの平均日数などのモデル化はできていない。そのため、現在の案件パイプラインの状況であれば、どのくらいの業績を上げられそうかという予測の精度は低い

➤ **こうなる原因**：営業活動をステップに分解し、それぞれに関して次のステップに進めることができた確率や、進めるのにかかった時間などの実績データを蓄積していない、あるいはデータはあっても分析していない

➤ **このレベルにいる問題点**：データに基づく売上予測の精度向上や営業活動の効率化ができない

● レベル3

➤ **状態**：レベル2に加え、案件にかかる時間や各営業ステップの案件獲得の確率に関する統計データに基づいたモデルにより、当期や次期以降の営業目標達成の予測精度が高い

あなたの現在の成熟度レベルをチェックしてください		
☐ レベル1 ★	☐ レベル2 ★★	☐ レベル3 ★★★

3.「案件パイプラインの管理」の成熟度を改善する方法

(1) (レベル1⇒レベル2) すべての案件を可視化する

　現状がレベル1ということは、案件パイプラインの管理をしていない状態ということです。営業業績の乱高下を防ぎ、安定的に目標を達成するためには、複数案件をいつも抱えているようにする、すなわち、パイプラインの管理が必要です。この管理で最初にすべきことは、現在手持ちの案件をすべてリストアップすることです。そして、現在のパイプラインの健康度を次のようにチェックします（**図表11.3**）。

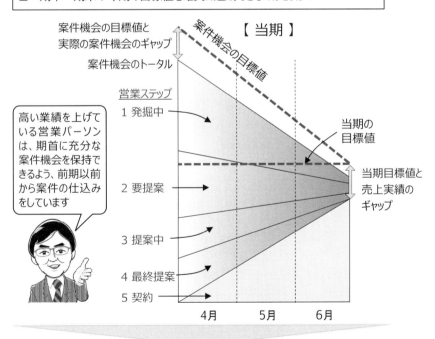

図表11.3　案件パイプラインの可視化

手持ちの案件が少なすぎるのも問題ですが、追いかけるべき案件が多すぎて、てんてこ舞い状態になってしまうことも避けなければなりません。あまりに多くの案件が一時期に集中してしまうと、手に余り、普段はしないようなミスが発生して、取りこぼしてしまう恐れがあります。

　営業パーソンのもっとも貴重な資源は時間です。効果的な時間の使い方を常に意識して、営業活動をする必要があります。

① 当期の期首時点で必要なチェック

　手持ちの全案件の中から、当期に契約獲得を目指す案件を選びます。**図表11.3**は、例として、4月から6月の期に契約獲得を狙っている案件です。これらの案件で期待する売上金額の総和が、以下に述べる「案件機会の目標額」を超えているのかどうかを確認します。

　「案件機会の目標額」とは、当期の目標額を達成するには、期首にどれくらいの案件機会をもっている必要があるのかの値です。一般に目安として言われるのは、当期の売上目標額の2倍を案件機会の目標額とすることです。

　業界や商品の違いにより、この目安の倍数は異なりますが、これまで案件機会の目標額を設定したことがない人は、まず2倍を目指すことをお勧めします。たとえば、4月から6月の期の売上目標が1,000万円の場合、4月の始めでは総額2,000万以上の当期向け案件機会をもっている必要があります。

　このようなことができるためには、もちろん、当期以前から案件機会を仕込んでおく必要があります。実は、これが高業績を上げている営業パーソンの秘訣です。期首時点で、案件機会の目標額に届かない場合、案件の発掘に力をいれて、そのギャップを埋める必要があります。

② 当期期中で必要なチェック

　それぞれの案件が、順調に営業ステップを上げながら進行し、当期に契約できるように目を配ります。**図表11.3**のように、4月から5月、そして期末の6月と、時間の経過とともに、確度の低い柔らかい案件がなくなっていくため、営業ステップ1やステップ2の案件の期待金額が一般的に減っていきます。

　たとえば、顧客自身、課題が迷走して何を解決すべきかよくわからない、あるいはキーパーソンがいつまで経っても明確にならないといったように、案件機会の質が悪く、あきらめざるを得ない案件が出てきます。他の例としては、すでに顧客が他社ベンダーを選定していて、単に他社も検討したという体裁を整えるために、こちらが当て馬になっているだけということが判明する場合です。リスクが高かったり、無駄足になりそうなことが判明したりする案件は、

きっぱりと見切りをつける必要があります。

　したがって、**図表11.3**のように、当期の案件の期待値総額は、期末に近づくほど減少していきます。逆に、営業ステップ4の契約を獲得した案件の金額の全体に占める割合は、期末に近づくほど増えていきます。早めに適切な見切りをして、浮いた労力を勝てる見込みのある案件にシフトすることも、良い成績を上げている営業パーソンの秘訣です。

③ 期末が近づくにつれて必要なチェック

　期末が迫ってくるにつれて、当期の目標を達成できるのかどうかが明確になってきます。たとえば、案件の質そのものは良くても、複雑な課題やソリューションのために思ったよりも時間がかかってしまって、当期の契約が難しいとわかる場合もあります。今期のクローズが難しいようであれば、それは次期以降に延期し、逆に次期契約を想定していた案件を当期に前倒しできないかを検討します。

④ 次期についてのチェック

　当期に契約獲得を目指す案件に集中するだけではなく、次期になってあわてないでよいように、次期のための案件パイプラインの管理が必要です。次期の期首になった時点で、案件数が足らないことが判明すると、新規案件発掘のための時間が足りず、そのリカバリーは難しくなります。すなわち、当期の営業活動をしながらも、いつも次期以降のための案件も発掘する必要があります。

⑵　（レベル2⇒レベル3）営業活動の実績データを業績予測に活用する

　現状の案件パイプラインで、当期や次期以降、どれだけの業績になりそうかの予測の精度を上げる必要があります。そのためには、過去の営業活動の実績データを集め、次の3つができるようにします。

　① 案件をクローズするまでにかかる時間の予測
　② 案件をクローズできる確度の予測
　③ 案件パイプラインを分析し、業績予測を立てる

① 案件をクローズするまでにかかる時間の予測

　現在追いかけている各案件が、クローズまでにどれだけ時間がかかりそうかを予測できないと、当期に契約を目指すべき案件と、次期以降に回すべき案件の仕分けができないので、当期および次期以降の売上予測を立てることができません。

課題やソリューションの複雑さ、案件金額のサイズ、あるいは顧客のタイプ（慎重派か、スピード重視派か）といった情報とともに、営業ステップ1から契約締結のステップ4までにかかった時間を記録します。こうして1年以上データを蓄積して分析すると、こういうパターンの案件であれば、「3ヵ月でクローズすることを目指そう」とか、「これは半年、あるいは1年かかる覚悟でじっくりと攻めよう」といった判断ができるようになります（**図表11.4**）。

どの営業ステップでどれだけ時間がかかったのかを判断するためには、案件進捗チェックシート（**図表11.5**）を参照します。これを参照して、どの営業活動がどの営業ステップにあたるかを簡便に判断することができます。

② 案件をクローズできる確度の予測

毎期安定的に売上目標を達成するためには、主観を排してできるだけ精度の高い売上の予測ができる必要があります。また、目標達成が難しそうな場合、どのくらいリスクがあるのか、どの営業ステップを改善すべきかを的確に判断しなければなりません。

先ほど紹介した**図表11.5**の案件進捗チェックシートを、再度参照してください。この表の下から2行目の「契約までの確度」は、過去の営業活動データに基づいて出した、各営業ステップにある案件が成約できる確率です。

たとえば、営業ステップ1、すなわち、顧客のビジネス環境とニーズを理解した段階であれば10％、営業ステップ2でソリューションコンセプトを作成し、顧客キーマンの提案検討への合意を得たら25％、という具合です。

この成約への確度は、例示のために便宜上使っているものですので、自社の営業活動履歴データを蓄積し、自社にとってより適切な数字に置き換えるようにしてください。

③ 案件パイプラインを分析し、業績予測を立てる

四半期や各月の業績予測を、毎月の第1週に出す企業が多いように思います。このためには、案件の成約に至るまでの平均時間と、各営業ステップの成約率を算出し、当月や当期、さらに次期以降の業績予測が必要です。これにより、現在の案件パイプラインの健全性を判断できます。たとえば、当期の分析を行うには、現在抱えている全案件の中から、当期の契約を目指す案件を選択します。これは、案件をクローズするための平均時間から見積もることができます。このようにして選択した当期に関する案件を分析し、当期の業績予測を出します。

図表11.4 営業活動履歴データに基づき、案件にかかる時間をパターン化

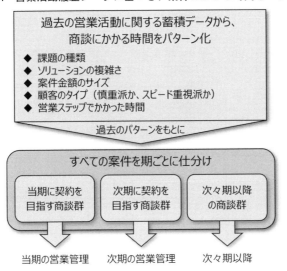

図表11.5 案件進捗チェックシート

営業ステップ	1	2		3	4	5
顧客の購買活動	戦略の策定と課題の明確化	解決オプションの評価		ソリューションの選択	懸念事項の解消と購買決定	ソリューション導入と価値の評価
営業活動	顧客のビジネス環境と課題の理解	ソリューションコンセプトの作成		提案ソリューションの最終化	セールスのクローズ	契約内容の実施と顧客満足の確認
完了判定基準	お客様と当社がビジネス関係をもつ価値を認める	顧客キーマンの提案検討への合意	提案内容の方向性についての合意	提案内容への顧客キーマンの暫定的合意	お客様と当社が契約書に捺印	お客様がソリューションの価値を認識
契約までの確度※1	10%（発掘中）	25%（要提案）	50%（提案中）	75%（最終提案）	100%（契約）	−（アフターセールス）
自己判定※2	☆	☆	☆			

※1 過去の営業活動に関する蓄積データから、成約確率のモデルを作る
※2 完了判定基準を参照し、終了した営業ステップに☆マークを付ける

図表11.6 案件パイプラインの分析よる売上予測法

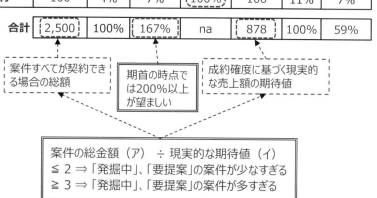

営業ステップ	案件金額(ア)	(ア)の分布	予算に対する割合	成約確度	成約期待金額(イ)	(イ)の分布	予算に対する割合
1 発掘中	900	36%	60%	10%	90	10%	6%
2a 要提案	700	28%	47%	25%	175	20%	12%
2b 提案中	350	14%	23%	50%	175	20%	12%
3 最終提案	450	18%	30%	75%	338	38%	23%
4 契約	100	4%	7%	100%	100	11%	7%
合計	2,500	100%	167%	na	878	100%	59%

売上予算 1,500

- 過去の営業実績から導出した、各営業ステップの成約確率
- 「提案中」と「最終提案」に、営業活動時間の50%以上はかかると想定すると、これらのステップの合計成約期待金額も、期首から期中にかけては50%以上になっている必要がある
- 案件すべてが契約できる場合の総額
- 期首の時点では200%以上が望ましい
- 成約確度に基づく現実的な売上額の期待値

案件の総金額（ア）÷ 現実的な期待値（イ）
≦ 2 ⇒ 「発掘中」、「要提案」の案件が少なすぎる
≧ 3 ⇒ 「発掘中」、「要提案」の案件が多すぎる

□ は一般的な経験則です。必要に応じて、自社に適した数値に置き換えてください。

※ 合計の誤差は四捨五入による

図表11.6の例では、当期の売上予算を1,500万円としています。この表を、左側から右側の列へと順番に説明していきます。

第11章　営業管理により、チームで安定的に営業目標を達成する

● 一番左の列：「案件金額（ア）」

　営業ステップごとに、案件金額がどれだけあるかを示しています。この例では、合計は2,500万円となっています。期の始めには、まだ不確実で柔らかい案件も含まれていますが、営業ステップが進むにつれて見込みのない案件は排除されていき、この数字は小さくなっていくのが普通です。

● 左から２番目の列：「（ア）の分布」

　案件サイズの総合計に対する各営業ステップにおける案件サイズの割合です。この例では、営業ステップ１が36％と、もっとも大きな割合になっています。

● 左から３番目の列：「予算に対する割合」

　売上予算（この例では1,500万円）に対する各営業ステップの案件サイズ合計の割合です。

> **経験則**：一般的には、期首の時点での案件金額の合計は、予算額の２倍以上が望ましい。自社の営業活動の実績データをもとに、自社に合った倍率に修正して使うこと。

● 左から４列目の「成約確度」

　図表11.5に出てきたものと同じで、各営業ステップにおける成約までに至った案件のパーセンテージです。上記の「経験則」と同様に、自社の営業活動の実績データをもとに、この成約確度も自社に合った数字に修正してください。

● 左から５列目の「成約期待金額」

　一番左の列の「案件金額（ア）」と左から４列目の「成約確度」を掛け合わせた金額です。過去の成約率から、現実的にどれくらいの成約金額になりそうかを見積もった値です。この例では、成約期待金額の合計は878万円となっており、売上予算1,500万円より、かなりアンダーなので、この時点では案件パイプラインが不足していることがわかります。

> **経験則**：案件金額の合計を成約期待金額の合計で割った値は、２から３くらいの間にあることが望ましい。２以下であれば、「発掘中」、「要提案」の案件が少なすぎる恐れがある。３以上であれば、「発掘中」、「要提案」の案件が多すぎると思われる。この値も自社の営業活動の実績データをもとに、自社に合った数字に修正して使うこと。

● 左から６列目の「（イ）の分布」

　成約期待金額の総合計に対する、各営業ステップにおける成約期待金額の割合です。この例では、営業ステップ３が38％で、もっとも大きな割合になっています。

> **経験則**：「提案中」と「最終提案」にもっとも時間がかかり、営業活動時間の50％以上はかかるので、「提案中」と「最終提案」のステップの成約期待金額も、期首から期中にかけて50％以上になっている必要がある。

● 左から７列目の「予算に対する割合」

　各営業ステップにおける成約期待金額の売上予算に対する割合です。この例の合計は59％で、現状では予算の達成は難しいとわかります。

　以上のようにして、当期の案件パイプラインの分析と売上予測を行うことができます。

　それでは、質問です。４月から６月までの四半期の場合、５月中頃から下旬の時点では、次の３ケースのうち、どれが望ましいでしょうか。

　ケース１：総案件金額は売上予算の1.8倍。成約期待金額は売上予算の0.8倍
　ケース２：総案件金額は売上予算の1.5倍。成約期待金額は売上予算に到達済み
　ケース３：総案件金額は売上予算の２倍。成約期待金額は売上予算の0.4倍

　いかがでしょうか。ケース１は、抱えている案件機会が多く、成約期待金額もそれほど少なくないので、目標を達成できる可能性はまだありますが、予断を許さないため、期末に向けてもう一踏ん張りが必要です。もっとも望ましくないのは、ケース３です。四半期の中頃から後半の時点でも、まだ柔らかい案件が多く、成約期待金額が予算の４割しかないようでは、達成は困難な状況です。もっとも望ましいのは、ケース２です。四半期の中頃から後半の時点で、成約期待金額が売上予算に達していて、ほぼ目標を達成できそうです。

　次期の業績予測についても同様のことを行います。安定的に好業績を収めている人は、次期や次々期についても目を配ることを忘れていません。たとえば、当期末の時点で、次期に契約獲得を目指している案件の総額が次期の売上予算とほぼ同額であれば、次期のための案件の発掘がかなり不足していると考えられるため、２倍程度になるようにアクションをとる必要があります。

　毎期ごとの目標達成だけにフォーカスする営業活動では、その日暮らし的になり、営業成績が安定しない結果になりがちです。好業績を収める営業パーソンは当期だけではなく、上記のように次期以降にも目を配って活動しています。

第11章 営業管理により、チームで安定的に営業目標を達成する

図表11.7 1ヵ月前倒しで営業活動を行う

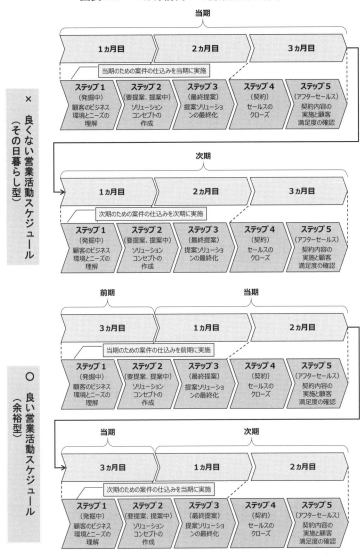

図表11.7をご覧ください。悪いパターンでは、毎期期首から営業ステップ1を始める流れですが、その期の売上予算が達成できるのかどうかは不安定です。1つの期が3ヵ月間の場合、目標の達成可能性は最後の3ヵ月目の営業活動に依存することになり、どうしても売上予測が難しくなります。

理想的なパターンは、それを前倒しにして、当期にクローズを目指す案件のステップ1は、前期以前から当期のための案件の仕込みをし、当期には次期以降のために営業ステップ1を行って、次期以降の案件の仕込みをします（**図表11.7**「**良い営業活動スケジュール**」）。

　この案件パイプラインの健康度に関する分析と売上予測作成は、各営業パーソンが自分の案件群に対して行います。それを営業リーダーが集約し、部下全員の案件の状態を可視化して、自組織の今期と次期以降の売上予想をします。また、単に部下の自己申告を集めるだけなく、部下と一緒に内容をレビューし、案件の営業ステップが正しく分類されているのか、どの案件のどの営業ステップを改善すべきかなどの検討をします。

　このように当期の営業活動を分析した結果を、月次、四半期の売上予測にまとめた例が**図表11.8**です。

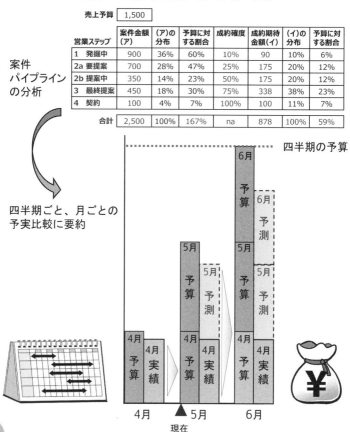

図表11.8　月次、当期の売上予測の作成

4．「営業指標による管理」の成熟度診断

(1) 営業指標による管理の狙い

　営業リーダーは、チーム全体の力を活かして組織の目標を達成する責務があります。黙っていても部下が目標を達成できるなら別ですが、普通はそううまくいきません。そのような場合、営業リーダーはうまくいかない理由や、挽回するためのアクションを考えて、上司や経営層に説明できなくてはなりません。

　ところが、部下がそれぞれ個人商店のようになり、自分流の営業法を行い、途中の報告や相談もしない状況では、上記のような分析をしたり、アクションプランを立てたりすることはできません。期末ギリギリまで、部下の「何とかします」という言葉を信じて売上予測を経営層に報告していたのに、期末になると「予算は達成できませんでした」となってしまうのでは、営業リーダーとしては失格です。また、これでは会社の経営もできませんので、経営層から見ても問題です。

　これまで、さまざまな企業を見聞きしてきた範囲では、営業リーダーが部下の活動をチェックする方法としては、毎日、毎週、顧客への訪問件数を部下に聞くことが多いと思います。その理由は、売上に関するこの有名な公式にあります。

> 売上 ＝ 訪問件数 × 見込み客化率 × 成約率 × 客単価

　この式の中で一番コントロールしやすい変数はどれでしょうか。適切な営業管理が行われていない営業チームでは、見込み客化率や、成約率、客単価の改善は難しく、営業リーダーが一番管理しやすい指標は訪問件数になるわけです。この管理方法では、営業活動の質は問いません。車を安全に運転するにも、スピードメーターや燃料計など、ダッシュボードのメーターが必要です。営業管理も同様に、適切な管理指標を用いて目標を達成する必要があります。

　課題解決型営業のように、顧客の課題の発掘から始めて営業の付加価値を感じてもらい、競合他社との差別化によって新規案件、大型案件の獲得を狙う営業法には、それに適した管理指標が必要です。本書の営業手法は、営業プロセスを標準的なステップに分けるとともに、標準的なツールの利用を重視する方法ですので、管理指標を効果的に導入しやすいと言えます。

(2) 『営業指標による管理』の成熟度の定義

それでは、この成熟度の定義を以下に説明します。あなた自身、あるいは自分の組織の現状レベルはどれに近いのかを選択し、下にある表の該当レベルにチェックを入れてください。

● **レベル1**
  ➤ **状態**：売上額などの結果に関する指標や、顧客訪問数など営業活動の「量」に関する指標で主に管理しており、効果的に営業活動を行うための「質」を問うような管理指標は、ほとんど用いられていない
  ➤ **こうなる原因**：結果と営業活動の量だけを管理すればよいと思っている。あるいは、望ましい営業活動を推進するために、どういう管理指標を用いればよいのかを知らない
  ➤ **このレベルにいる問題点**：掛け声だけで課題解決型営業に取り組もうとしても、それに伴った指標で管理されないため、営業活動と管理の関係がチグハグになり、課題解決型営業が組織に根づかない

● **レベル2**
  ➤ **状態**：業績結果に関する指標だけではなく、課題解決型営業のあるべき行動を推進するための指標も使った管理を行ってる。ただし、営業の進捗や実績に関するデータの鮮度や精度については充分ではなく、その効果は限定的である
  ➤ **こうなる原因**：課題解決型営業の管理の意味が現場に充分に定着していないため、タイムリーかつ正確な報告がされない。その結果、案件の進捗状況や実績に関するデータの鮮度や精度が不充分な形で報告されている
  ➤ **このレベルにいる問題点**：課題解決型営業の定着が遅れ、対策が後手に回ってしまう

● **レベル3**
  ➤ **状態**：レベル2に加えて、常に"鮮度"と"精度"の高い実績データに基づく管理と意思決定が行われている

あなたの現在の成熟度レベルをチェックしてください		
☐ レベル1 ★	☐ レベル2 ★★	☐ レベル3 ★★★

5．「営業指標による管理」の成熟度を改善する方法

(1) （レベル1⇒レベル2）望ましい営業活動を促進するための管理指標

　営業活動がうまく進んで成果を上げているのかを可視化するためには、適切な営業管理指標を用いて管理することが必要になります。

　営業管理指標には、以下の3種類があります。

- **業績に関する指標**：売上や利益など、業績目標そのもの
- **成果に関する指標**：業績達成に伴って重視する成果目標で、受注金額や解約阻止数、顧客満足度など
- **行動に関する指標**：望ましい行動を促進するような指標で、新規案件発掘数や案件化率、成約化率など

　管理指標というと、KGIやKPIという言葉を思い出す人もいるでしょう。KGIは、Key Goal Indicator の略で、重要目標達成指標を意味します。一方、KPIは、Key Performance Indicator の略で、重要業績評価指標のことです。

　KGIがゴール（目標）の達成度合いを表す指標であるのに対して、KPIはKGIの結果を残すために、適切にプロセスが実施されているのかどうかを表す指標です。つまり、KPIはKGIを達成するために望ましい行動を促進するための指標です。したがって、営業業績や成果に関する指標はKGI、行動に関する指標はKPIで表すことができます（**図表11.9**）。

図表11.9　営業管理指標例

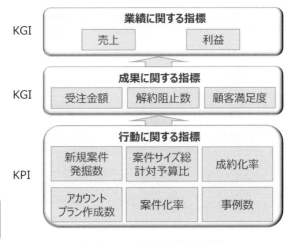

KGI：Key Goal Indicator（重要目標達成指標）
KPI：Key Performance Indicator（重要業績評価指標）

課題解決型営業を推進し、営業成績を安定させるためには、どのような指標が必要でしょうか。以下にサンプルを紹介します。

① **営業ステップ1による新規案件発掘数**
　課題解決型営業にシフトするためには、営業ステップ1で顧客の課題の発見、確認の活動を行ったあと、その結果、発掘できた新規案件発掘数を管理指標とするのが有効です。なぜなら、これまで顧客からの問い合わせを待つ受け身の営業方法や、製品の売り込みを前面に押し出した営業方法のように、顧客の課題の発見、確認をほとんどしたことがない営業パーソンが多い場合、この指標を重視しないと営業ステップ1が活発に行われません。
　注意すべきは、新規案件であっても顧客から持ち込まれて単にソリューションを提案してほしいと依頼されたものなどは、自分で発掘したのではないため、カウントしないことです。

② **アカウントプラン作成数**
　フォーカスする顧客とそうではない顧客にメリハリをつけ、フォーカスする顧客にはきちんとアカウントプランを作成し、戦略的に顧客を攻める習慣をつけるための指標です。
　これも、課題解決型営業法を推進するための手段で、顧客の課題の発見、確認をするためには、顧客のビジネスの状況やニーズ、課題をアカウントプランに記述して分析する必要があるからです。

③ **案件金額の総計対売上予算比**
　前節で説明したように、期首の時点では、すべての案件金額の総計が予算の2倍以上であることが望ましいため、これを指標とします。多くの営業リーダーは、すぐに結果が出る営業ステップ3（最終提案）とステップ4（契約）

の段階にある案件にフォーカスしがちです。しかしながら、毎期首に充分な案件サイズを確保することが、安定的に営業目標を達成するための秘訣です。

さらに、営業ステップ1（発掘中）とステップ2（要提案、提案中）のような営業活動の早い段階で、管理者が部下の活動を支援するほうが、より効果的な営業活動ができ、勝率を上げることにもなります。というのも、営業ステップ3やステップ4になると、かなり提案内容や契約条件が固まった段階で、あまり改善や工夫の余地がないことが多いからです。

④ 案件化率、成約化率

案件化率は、顧客コールをしたうち、どれだけ営業ステップ1（発掘中）を完了して営業ステップ2に進めたのかの割合です。一方、成約化率は営業ステップ3（最終提案）まで進んだ案件のうち、営業ステップ4（契約）に到ったものの比率です。案件化率や成約化率が非常に低いときは、案件プランナーを参照して、どこに問題があるのかを部下と検討し、対応策を立てます。

このチェックは**図表11.5**の「案件進捗チェックシート」を使って行います。これを使って、営業ステップ1を完了するためには何が不足しているのか、また営業ステップ2からステップ3、さらにステップ3からステップ4に前進しないのは何が問題なのか、どのようなアクションをとるべきかの検討をします。営業パーソンが自分でこの検討を行うだけではなく、必要に応じて営業リーダーや先輩にアドバイスをもらうことも必要です。

⑤ 事例作成数

既存顧客で顧客内シェアを高めるほうが、新規顧客の開拓でビジネスを発掘するよりも効率的です。そのため、契約後に事例になってもらうことを顧客に依頼し、顧客満足を確認するとともに、今後同様の課題をもつ他社への営業ツールとして活用します。

課題解決型営業は、顧客の経営や業務変革の企画や課題検討といった超上流から顧客に入り込んで、提供できる営業の付加価値を高める方法です。その狙いは、新規案件、大型案件を獲得するとともに、顧客満足度を高め、固定客になってもらうことです。したがって、課題解決型営業の効果を確認する意味でも、事例作成数は重要です。

図表11.10 営業関連情報の共有・活用

(2) (レベル2⇒レベル3) 営業関連情報の共有・活用

営業チームの最新の活動状況や成功パターンなどに関する情報をチームメンバー内で共有することにより、営業管理の精度を上げるとともに、メンバー全員の営業活動の効率を底上げします(**図表11.10**)。

① 営業の進捗や実績に関する最新データの共有

営業指標に基づく管理をするためには、営業の進捗や実績に関するデータの鮮度や精度が高くなければなりません。最新でないデータに基づいて、案件の規模や営業ステップの進捗レビューを行っても効果はありません。また、そういうデータに基づいて成約の確率や契約までにかかる平均時間などを算出しても、そのような指標の利用はメリットよりもデメリットのほうが大きいでしょう。したがって、営業リーダーは部下に対して、アカウントプランに書く顧客情報や案件プランナーに書く案件の進捗情報を、常に最新かつ正確に保つよう

にガイドする必要があります。

　アカウントプランや案件プランナーを文書ファイルにして、グループウェアのような情報管理・共有のためのITツールを活用すると、最新の更新日時の確認や、変更履歴データの管理などを簡単に行うことができます。

② 成功事例や営業ノウハウに関する情報の共有

　顧客情報と案件情報の共有だけではなく、成功事例や提案書サンプル、見積もりテンプレートなどのノウハウも共有して、チーム全体の営業効率の引き上げをします。ここでよく問題になるのは、他の人がシェアしてくれたものを利用したいという人はたくさんいますが、人のために自分のものを提供しようとする人が少ないことです。営業リーダーは、営業でうまくいったパターンやノウハウを他のメンバーと共有する人が増えるよう、表彰や人事考課での評価など、インセンティブ（動機づけ）を提供する必要があります。

　情報共有のITツールには、どれだけの人が利用したのかの情報を表示したり、SNSの「いいね！」ボタンのように、評価を登録する機能を提供したりするものもあります。そのようなツールを使うことで、情報をシェアする人のモチベーションを高めることができます。また、ITシステムのモバイルオフィス機能を使って、営業パーソンが外出先からも社内情報にアクセスできるようにすることで、効率良く共有を促進できます。

　さらに、蓄積した顧客情報や案件履歴データ、成功事例などを分析して、有用な情報を取り出すことも重要です。この情報は、日々の営業活動だけではなく、営業戦略策定にも活かすことができます。このためには、統合顧客データベース、データウェアハウス、データ分析ツールなどのITシステムが利用できます。

今後、さらに活躍できる営業パーソンになるには、自身の自己変革も必要だと思います。
「生き残るのは、大きいものでも強いものでもなく、最も変化に適応できたものである」
——チャールズ・ダーウィン
本書が、そのお役に立てれば幸いです。いよいよ、もうすぐ最終章です。あと少し、がんばってください

第11章のまとめ

ポイント

◆ ビジネスの継続性（ゴーイング・コンサーン：going concern）が企業経営に求められる重要な要件の一つであり、そのためには安定的に目標を達成するための営業管理が大切

◆ 営業成績の乱降下を防ぐためには、契約に到らない案件の発生も考慮して、案件機会を多めに発掘し、それらを管理する案件パイプライン管理が必要

◆ 好業績を収める営業パーソンは、当期だけではなく次期以降の案件発掘にも目を配って活動する

◆ 業績や成果に関する営業管理指標だけではなく、望ましい行動を促進する指標も重要

◆ 課題解決型営業の管理では、営業ステップ1での顧客の課題発見、確認に基づく新規案件の発掘数と営業ステップ1からステップ2に進む案件化率が大切

チェックリスト

☐ リスクが高い、あるいは無駄足になりそうな案件には早めに見切りをつけ、浮いた労力を勝てる見込みのある案件にシフトできるよう、パイプラインの中の案件のメンテナンスを遅滞なく行っている

☐ 過去の案件履歴データに基づき、案件にかかる時間や成約確率をモデル化している

☐ 当期期首の時点で、当期にクローズすることを狙っている案件の総額が、当期売上予算の2倍以上あることを確認している

☐ 顧客情報や案件の進捗情報のタイムリーな共有のため、アカウントプランや案件プランナーの記載内容は常に最新に保たれている

☐ 成功事例や提案例、見積もりテンプレートなどのノウハウが営業チーム内で共有されており、チーム全体の営業効率の引き上げが図られている

課題解決型営業を実践するための営業組織・人材育成、営業支援組織

「組織の学習する能力、そして学んだことを迅速に行動に移す能力。それらは最大の競争優位性である」

──ジャック・ウェルチ
元ゼネラル・エレクトリック社最高経営責任者

前章まで、大型・新規案件を獲得するメソッドを中心に述べてきました。すなわち、顧客からの引き合いを待つ受け身の営業から、こちらから提案をしかける攻めの営業へと転換をするために、ターゲット顧客を絞り、そこでの課題を明確にし、さらに顧客の課題に対して最適な解決策を選定・提供するためのプロセスの説明と、そのためのツール類を紹介しました。また、この営業活動を効果的に推進しながら、安定的に営業成果を上げるための管理方法についても説明しました。

　この最後の章では、管理者の方向けに次の２点についても触れ、課題解決型営業を実践する際の考慮点を説明します。以下、それぞれについて見ていきます。

(1)　営業組織、人材育成
(2)　営業支援組織

(1)　営業組織、人材育成

　「組織は戦略に従う」とは歴史学者のチャンドラーの言葉ですが、戦略は市場の変化に従います。ですから、市場の変化に対応して戦略を策定し、組織変更を能動的に行う必要があります。こういう背景となる戦略やプロセス抜きで、場当たり的に組織変更や教育を行ってもうまくいきません。**図表終.1**を参照してください。この図表にあるように営業組織と人材管理をするためには、その会社の経営戦略、営業戦略を明確にし、それと関連づける必要があります。題解決型営業の実践にあたっても、そのうえで評価・処遇活動や人材育成を行います。

　課題解決型営業は大型・新規案件を狙うため、小さな案件をコツコツと積み上げる営業よりも、成果を上げるまでに比較的時間がかかり、ソリューションの提案にあたってはチームで行う特徴があります。評価・処遇もそれに合った目標設定と業績評価が必要です。

　また、人材育成にあたって、会社の人材育成戦略と個人の成長のベクトルを一致させることにより、効果的な育成を促進します。営業パーソンも全員が課題解決型営業を目指すというよりは、問い合わせや注文の処理が中心の営業、さらにはテレセールスが専門の営業など、育成対象の営業職種を明確にし、それぞれの目標人数やスキル習得の目標時期を検討して、具体的な個人育成計画に反映するのが現実的でしょう。

　まず、各営業職種について、現状のスキル保有状況と目標とのギャップを明らかにして、育成の課題を明らかにします。これに基づいて、自組織の人材開発計画を作り、それを個人にマッピングします。その後、どの専門分野のどの

終章　課題解決型営業を実践するための営業組織・人材育成、営業支援組織

レベルを目指すのか、そのために必要なスキルは何か、そのスキルを獲得するにはOJT（on the job training：オン・ザ・ジョブ・トレーニング）、Off-JT（off the job training：オフ・ザ・ジョブ・トレーニング）の両面から何を学ぶのか、といった個々人について人材育成計画を策定します。

　たとえば、課題解決型営業が顧客の課題発見や課題整理の支援をするためには、ある程度のコンサルティング・スキルが必要です。有償でコンサルティングを行うプロのコンサルタントのスキルほどは必要はないものの、基本的な知識やスキルは不可欠です。これには、顧客の業界や業務プロセスに関する知識や、分析ツール、モデルに関するスキルが含まれます。

図表終.1　営業組織と人材管理の位置づけ

事業ライフサイクル（導入期、成長期、成熟期、衰退期）モデル、プロダクト・ポートフォリオ・マネジメント（PPM）モデル、3C分析（Customer：市場・顧客、Competitor：競合、Company：自社）、SWOT分析、マイケル・ポーターの5Forcesモデル、バリューチェーン分析など、基本的な分析ツールやモデルは使えるほうがよいでしょう。営業パーソンにこんなスキルが必要なのかと思われるかもしれませんが、顧客の経営や事業の変革の支援をしようとするならば、営業パーソン自身の変革も必要なのです。

また、人材育成計画には、中長期と短期の計画が必要です。たとえば、中長期的にはプロフェッショナルとしてのキャリアプランを体系的に策定し、短期的にはキャリアプランを踏まえ、直近で不足しているスキルを開発する計画を部下と作ります。管理者は、この人材育成計画の組織的な進捗状況を把握し、各人に業績評価の場などでフィードバックします。

⑵ 営業支援組織

課題解決型営業は、営業ステップ1で顧客に対して課題発見や明確化の支援に力点を置くところが特徴であり、営業ステップ2以降は通常のソリューション提案の営業活動と大きな違いはありません。

一般的に営業パーソンの活動は、次の2つに分けられます。1つ目は、顧客への営業に直接関係する業務です。たとえば、顧客との商談や商品問い合わせへの対応、見積書作成、与信チェック、契約書作成、受注入力、在庫照会、納期確認、納品、請求などです。2つ目は、顧客対応に直接関係しない社内業務です。商品に関する研修や勉強会、日報などの社内向け報告書作成、経費精算、打ち合わせや会議出席のための移動、社内会議などです。さらに、最近は管理者自ら営業活動もするプレイングマネージャーが増えていますが、その場合は管理者としての業務もあります。

どこの会社も営業関連業務を効率化し、収益増に結び付く付加価値の高い営業活動の時間を最大化したいと思っています。この実現のためによく行われるのが、営業支援組織を作り、そこで営業関連業務を集中的に処理することです（**図表終.2**）。これはある程度、営業パーソンの数が多く、営業関連の業務量がある場合に有効な手段です。このアプローチでは、営業パーソンの活動を棚卸しして、営業支援組織に移管可能な業務を識別するとともに、営業パーソン自身の業務効率化の推進により、収益アップにつながる営業本来の活動時間を最大化します。

たとえば、これまで営業パーソンが行っていた商品問い合わせへの対応や提案書ひな型の作成、在庫・納期回答、見積書作成、契約書作成、受注入力、請

終章　課題解決型営業を実践するための営業組織・人材育成、営業支援組織

図表終.2　営業支援組織設置のメリット

求書発行、売掛金管理などを営業支援組織に処理してもらうように営業業務の変革をします。

営業支援組織は、同じ業務を繰り返し行うことで、その業務についての学習・専門化が進みます。その結果、より手際よく処理できるようになるため、業務処理のコストが下がるという経験曲線効果を享受できます。また、業務の正確性向上や、より洗練された提案書ひな型を作成できるようになるなど、業務品質が上がることも期待できます。

このように営業支援組織を設置することで、営業パーソンは新規顧客の開拓や既存顧客との関係を強化するための業務に、より多くの時間と労力を使えるようになります。たとえば、IBM ではこのような組織が置かれ、非常に大きな効果を上げています。営業支援組織のメンバーには、現場経験の豊富なベテランも多くおり、効率的に営業関連業務をこなしています。また、受け身で第一線の営業をサポートしているのではなく、顧客に直接相対する営業に的確なアドバイスをするなど、積極的な支援を行っています。

ここで留意すべきことは、営業関連業務の営業支援組織への移管を効果的に行うためにも、営業業務の効率化が不可欠なことです。現行の営業業務において、役割や責任が明確ではない、あるいは業務の流れにムリやムダ、ムラがある状況であれば、そのまま業務移管を始めても、営業支援組織のコストが増えてしまう、業務品質が落ちるといったことから、進まないことになってしまいます。移管の前に、営業業務に関する役割分担や業務の流れの明確化と改善が必要です。

おわりに

対面法人営業は、奥が深い素晴らしい仕事

　最後までお読みいただき、ありがとうございました。

　本書でフォーカスした大型・新規案件の獲得のために顧客に接するには、共感力や直感力という右脳の面と、知識に基づく論理的思考力が求められる左脳の面、両方の力が必要になります。さらに、複雑なソリューション提案になれば1人ではできず、社内の関連する人たちと協業するスキルも必要です。

　私は傾聴のスキルを強化する必要性も感じて、キャリアコンサルタントの資格を取りました。資格取得のために学んだことが、顧客と接する際にも大変役立っています。このように、対面法人営業法は奥が深く、いくら学んでも終わりはありません。

　本書で説明した営業法の背骨となっているのは、私の職業人生の中で四半世紀を過ごした日本アイ・ビー・エムの営業部門で学んだことです。IBMは社員教育が充実していることで、IT業界では有名です。私が入社した頃は、営業系の新入社員は1年半かかるセールス・スクールに入れられ、その卒業試験に合格しないと営業やSEになれませんでした。この間は、教育センターでの集合教育と、所属部門での現場教育が繰り返されるのですが、私は大学の入学試験以来、初めて必死に勉強しました。先輩や上司も、自部門の新入社員が不合格にならないようにと、真剣に指導やアドバイスをしてくれました。

　また、晴れて営業やSEになり、さらには管理者に昇進しても、その後もずっと職種や職位に応じて社内研修や外部研修の年間受講日数の目標があり、どんなに忙しくても、この目標の達成も厳しくチェックされます。もちろん、日々の仕事を通しても、上司や先輩、同僚などから、営業の基本や仕事に対する取り組みの心構えから高度な技術・ノウハウまで、多くを学びました。

　ただ、一番学ばせていただいたのは、何と言ってもお客様からです。日本アイ・ビー・エム時代には、お客様の高い期待にどう応えるのかを常に考え、工夫していました。また、独立起業後は、多くの中小企業のクライアントに対して営業力強化のご支援をしてきました。大企業と違って、ブランドの力を借りた営業はできず、宣伝や販促にもおカネをかけられない、これまでの営業のノ

ウハウが蓄積されていないなど、どこも厳しい状況です。また、人の顔かたちが一人ひとり違うように、それぞれの企業も置かれている内外の環境が違います。そういう状況でどうやったら成果が上げられるのか、本物の営業力が問われ、たくさん勉強させていただきました。

このたび、本書の発刊に至ることができたのは、私が日本アイ・ビー・エムでコンサルティング営業手法の開発と、その社内展開をリードしていた時期に上司であった水谷浩二さん（当時常務執行役員、オンデマンド・ビジネス担当）と出澤研太さん（当時常務執行役員、経営イノベーション担当）のおかげです。最初は順風満帆とは言えない状態でしたが、お二人の強力なサポートにより、約6年間、少人数の有志の仲間と共に粘ることができました。徐々に成果が出せるようになり、最終的には標準的な営業手法の一つとして社内で認知されるようになりました。これは、お二人の一貫した支持なくしては達成できず、リーダーシップというものを学ばせていただきました。

本書は同友館の月刊『企業診断』の編集長・楢崎環さんに出版のゴーサインを出していただき、馬渕裕介さんに編集と的確なアドバイスをしていただいたことで、書籍として刊行できました。心から感謝しております。

この本を読んでくださった方々が、今後、さらなる営業成果を上げられるとともに、この仕事により楽しみを見出されることを祈念しています。

2016年7月

北澤　治郎

付　録

1．営業力に関する成熟度診断結果記入票

2．営業ツール

   (1)　アカウントプラン

   (2)　案件プランナー

   (3)　案件進捗チェックシート

   (4)　顧客価値確認シート

   (5)　意思決定支援シート

1．営業力に関する成熟度診断結果記入票

成熟度診断の結果全体が一目でわかるように、下票に記入します。

（診断実施日：　　年　月　日）

診 断 項 目		改善の優先度	レベル1 ▼	レベル2 ▼	レベル3 ▼
営業戦略策定	市場の把握とターゲットの選定				
	顧客対応アプローチの最適化				
	競合他社との差別化				
営業活動	ステップ1（発掘中） 顧客のビジネス環境とニーズの理解				
	ステップ2（要提案、提案中） ソリューションコンセプトの作成				
	ステップ3（最終提案） 提案ソリューションの最終化				
	ステップ4（契約） セールスのクローズ				
	ステップ5（アフターセールス） 契約内容の実施、顧客満足度の確認				
営業管理	案件パイプラインの管理				
	営業指標による管理				

付　録

　実際に表に記入し、それをレーダーチャート風に表わした例が下図です。この例では現状のレベルだけではなく、次に目指すレベルと優先度を高くして取り組むのはどれかも決めています。このような診断を定期的に行い、実際に成熟度レベルが上がったのかどうかのチェックや、上がった場合に次に目指すレベルと改善の優先度の再設定をします。

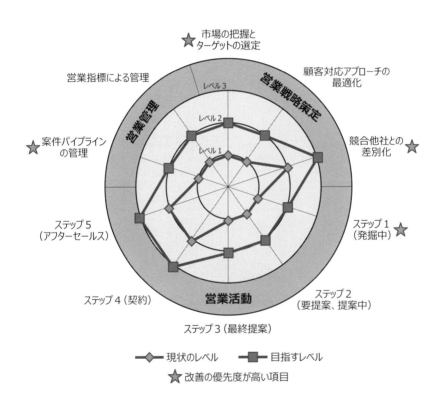

2．営業ツール

⑴ アカウントプラン

　アカウントプランとは、ターゲット顧客に対する営業戦略を作成するためのツールです。このツールを使って営業機会を見つけ出し、営業目標を達成するための実行計画を作ります。

　アカウントプランのフォーム例を、これから説明します。初めてこのフォームに記入しようとしても、顧客に関する情報は限られていて、フォームのすべての記入項目を埋めるのが難しいことはよくあります。顧客との商談が進むにつれて、情報を適宜更新・追記していけばよいのです。

　アカウントプランは、営業を効果的に行うためだけの計画ツールではありません。記入していくことで、営業を行うために必要な顧客についての情報が、いかに足りていないのかも明らかになります。それに気づくことができるだけでも、このツールの効果があります。わからないところが出てくれば、顧客に直接聞くか、社内外の資料を調べて不足している情報を補います。

　また、すべての顧客について、アカウントプランをきっちりと作る必要はありません。たとえば、売上の大きな部分を占める重要顧客や、これから売上を伸ばしたい戦略的な顧客については、しっかりとアカウントプランを作成し、それほど重要ではない顧客については簡便に作るなどして、メリハリをつけます。

付　録

◆アカウントプランのフォーム例

①営業担当者名やチームメンバー名などの基本情報と、既存の顧客であれば顧客に対するこれまでの売上履歴や顧客とのリレーションに関する過去にあった主な出来事、これまでのこの顧客に対する営業で学んだことや反省点などを記入します。

お客様名／お客様番号			
記入完了日／更新日			
担当営業チームメンバー名			
売上実績の推移 （過去３年間）	１年前の実績	２年前の実績	３年前の実績
当面の売上目標			

当社とお客様のリレーション経緯（お客様満足度やトラブル、クレームなどの推移）	
年　月	出来事

これまでのセールスで学んだこと。振り返ってみて、どうすればもっと効果的なセールスができたか。	
1	
2	
3	
4	

②顧客に関する基本情報について、企業紹介資料やホームページなどから得て、記入します。

会社名	
お客様の業界	
所属業界における位置づけ	
競合会社	
お客様のWeb Site	
企業概要、最近の主なニュース	
代表者	
創業・設立※	
お客様のミッションステートメント	
お客様の事業	
従業員数	
本社所在地	
資本金	

※ 創業とは、事業を始めた時期を指し、設立は会社組織として登記し、法人組織としてスタートした時期を指します

③顧客の基本情報の続きです。「年間支出」は、こちらが販売したい商品やサービスに関連する顧客の支出額です。たとえば、IT系ソリューションの販売の場合、顧客のIT関連の支出額を記入します。この年間支出額が不明な場合、経験則を使うこともできます。たとえば、ITに関する支出は、一般的に製造業の大手企業は総売上額の1％前後、金融業は4％前後です。したがって、総売上額がわかれば、大体のIT投資額がわかります。「外部への支出」は、この年間支出額のうち、外部のベンダーへの支出に使う額です。

株式公開の有無		
売上と成長率		
収益と伸び率		
お客様が重視する経営指標（ROAなど）		
年間支出		
外部への支出		
顧客の当社に対する思い（満足度、要望、懸念など）	お客様は当社とのビジネスについて、現在どのように感じていますか？	
	我々がとるべきアクションは何ですか？	
	どのような未解決の問題がありますか？	

付　録

④顧客の組織に関する情報を記入します。特にこちらが販売したい商品やサービスに関係が強い組織については、詳しく記入します。たとえば、IT系の販売企業の場合、IT部門やユーザー部門、購買部門や経営企画部などです。

お客様の組織図

⑤顧客との関係を要約します。顧客のこちらに対する認識（好意的、反感をもっている、競合他社に好意的、中立など）や顧客の目標、さらにこちらの訪問頻度を記入します。

お客様とのリレーション						
お客様名	役職	職位	当社に対する認識※1	お客様の個人的目標※2	当社の訪問頻度	当社のお客様担当者

※1　＋：ポジティブ　＝：中立　－：ネガティブ　？：不明
※2　記入例：自部門の評価の向上、昇進、社内での影響力拡大、専門家としての名声など

⑥こちらの商品やサービスに関連するものの利用状態を記します。たとえば、OA機器販売の場合、OA機器を現在使っている本社や事業所における当社の導入状況と他社製品の導入状況、さらに、今度OA機器を導入できそうなところがどこにありそうかを示します。

お客様の環境を表す図を添付してください。 当社が商品・サービスを提供している部分がわかるように図示してください。

245

⑦顧客の戦略課題を検討する前段階のSWOT分析として、営業チームから見た顧客の強みと弱み、そして顧客をとりまく外部環境の機会と脅威を列挙します。顧客に関する社内外の情報をもとに仮説ベースで記入し、顧客との対話を通して仮説の精度を上げ、更新していきます。

お客様の内部環境（強み、弱み）および外部環境（景気動向、技術の進展、政府の規制緩和／強化、競合の動向など）を記入して、お客様のビジネスへの影響を分析してください	
強み（Strength） ● ● ● ● ●	弱み（Weakness） ● ● ● ● ●
機会（Opportunity） ● ● ● ● ●	脅威（Threat） ● ● ● ● ●

⑧顧客の戦略や課題を記入します。上場企業の場合、投資家向け資料（IR情報）として、企業戦略や事業の中期計画などがホームページで公開されているので、それを参考にします。また、前ページのフォームで作成したSWOT分析結果も利用します。たとえば、強みを活かして機会をつかむための課題は何か、弱みを克服して機会を活用するための課題は何か、強みを利用して脅威を避けるための課題は何か、などを検討します。

　このフォームも仮説ベースで記入してみて、それを顧客との対話を通して検証しながらブラッシュアップしていきます。

お客様のビジネス課題	
お客様の中長期経営目標、戦略	
お客様のビジネスでうまくいっている点	
お客様が課題と思っていること（悩みごと）	
お客様自身は認識されていないが、当社から見ると課題と思えること	

⑨顧客がビジネス目標(例:グローバル化、コスト削減、顧客満足度の向上など)を実現するために取り組もうとしている施策を列挙します。たとえば、「顧客対応スピードを桁違いに上げる(ビジネス目標)」ために、「受注から納品までの業務のリエンジニアリングを行う」(施策)や、「売上倍増」(目標)のために「東南アジアで製造・販売を行う」(施策)などです。さらに、その施策で恩恵を受ける代表者や、キーとなる意思決定者、施策の優先度を記します。

お客様によって確認されたビジネス施策					
	お客様の ビジネス目標[※1]	お客様の 施策	お客様の ベネフィット・オーナー[※2]	お客様のキー デシジョン・リーダー	優先度 H／M／L
1					
2					
3					
4					
5					
6					

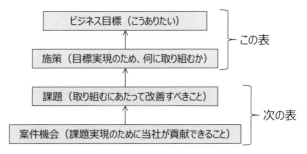

[※1] **ビジネス目標のカテゴリーの例**
顧客、業務、組織、財務などの視点からの目標

[※2] **ベネフィット・オーナー**
この施策により恩恵を受ける組織や業務の代表者

⑩顧客の施策を実現するために、業務プロセスや組織、あるいは技術などに関する課題を列挙します。1つの施策に対して、複数の課題が存在することはよくあります。たとえば、顧客対応スピードを上げるため、受注から納品までの業務のリエンジニアリングを行うという施策に関して、課題として業務プロセスの可視化・標準化とIT化など、複数の課題があります。

| 案件機会を発見し、優先順位を付けます ||||||
#	お客様のビジネス課題	案件機会の説明[1]	お客様コンタクト 役職、氏名	案件の優先順位 H/M/L[2]
1				
2				
3				
4				

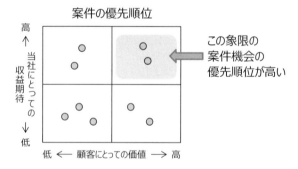

案件の優先順位

※1 案件機会の概要および、「当社はお客様をどのように支援できるのか？」、「当社の価値は何か？」について記述してください。また、競合についても記述してください
※2 優先度は上の4象限に分けた考えで設定してください

⑪自分や営業チームの中長期と今年の営業目標を記入します。営業目標がなければ、目標と実績との差異がわかりません。差異がわからなければ、差異が出た原因を分析せず、差を埋めるための対策も立てられません。目標のもつ力は大きいので、きちんと目標を設定し、それに向けて進むことを習慣にします。

(百万円)

製品・サービス	3年計画				
	実績		プラン		
	20XX年 (一昨年)	20XX年 (昨年)	20XX年 (今年)	20XX年 (来年)	20XX年 (再来年)
X					
Y					
Z					

製品・サービス	本年の四半期計画				
	第1四半期	第2四半期	第3四半期	第4四半期	トータル
X					
Y					
Z					

⑫これまで記入した内容に基づき、ターゲット顧客に関する営業目標は何で、それをどうやって達成するのかなどの営業戦略をアカウントプランに記入します。また、この戦略の実行に対する阻害要因があれば、それも列挙します。

目標達成のための営業戦略

営業戦略実行に関する課題と阻害要因	
1	
2	
3	
4	

⑬アカウントプランのフォームを埋めること自体が目的ではありません。アカウントプランに記入しようとすると、顧客について知らないことが多いとわかることが、よくあります。また、自分の営業戦略が明確でないことに気づくこともあります。それこそが、このツールの目的です。それらの情報不足や疑問点の解消、あるいは営業戦略をより明確にするために、誰が、何を、いつまでにするのかの実行計画を決め、進捗をフォローします。

目標達成と戦略実行のためのアクション・プラン					
#	アクション	前提条件、必要なリソース	責任者	期日	状況
1					
2					
3					
4					
5					
6					

付　録

⑵　案件プランナー

　法人での案件、それも戦略的なものや予算金額の大きいものは、顧客のキーマンが複数人関係することが多く、顧客からの要望も複雑な場合が多いため、案件をうまく管理して、契約まで漕ぎつける必要があります。

　案件プランナーは、案件をしっかりと前に進めるための営業ツールです。このツールにより、案件を前進させるためには何をすればよいのかが明確になり、行うべき対策を立てることができます。

　ツールを使わずに、勘や思いつきで案件を進めるほうが楽と思うかもしれませんが、案件を前に進めるために、何に気をつければよいのか、確認すべきことを忘れていないか、などとあれこれと考えるのは大変です。それよりも、ツールに記入することで気づきが得られるので、効率良く仕事をすることができます。

　アカウントプラン同様、重要案件については詳細に記入する必要がありますが、そうでない案件に対しては、おおまかに記入するだけでも構いません。営業ステップ1で作成したアカウントプランは、案件プランナーへのインプットとして利用します。

　作成したものは、上司や先輩、同僚にも見てもらいましょう。自分1人で考えているよりも、よりうまく進めるためのヒントやアイデアをもらえることがあります。

　案件プランナーのフォーム例をこれから紹介します。案件の初期では、案件に関する詳しい情報はまだありませんから、このフォームのすべての記入項目を埋めることはできません。逆に、何がいまだ記入できないかを明らかにして、顧客との対話の中で必要な情報を得ることに、このツールの有用性があります。

　こうして営業ステップ2で作成した案件プランナーを、ステップ3、ステップ4と更新、追記していきます。

251

◆案件プランナーのフォーム例

①案件機会名や顧客名、さらに営業チームメンバー名などを記入します。また、目標とする売上額や契約日を設定し、競合相手がいる場合、それも記入します。セールスステップの項には、現在の営業ステップの番号を記します。確度の項目には、257ページの案件進捗チェックシートを参考に、契約がとれると思う確率を記入します。これらはもちろん、案件が進むにつれて更新していく必要があります。

初回作成日			最新更新日		
顧客名	案件名		案件番号	主なお客様氏名	役職
主な競合相手	予想売上		契約予定日	セールスステップ	確度
当案件リーダー	役割			所属	
当案件メンバー1	役割			所属	
当案件メンバー2	役割			所属	

付　録

②営業ステップ１から確認してきた顧客のビジネス目標や課題に基づき、どのような案件機会があるのかを要約して記入します。ここが明確になっていないと課題解決型営業はできません。もし、よくわからない場合は、まだ営業ステップ１が完了していないということです。ここをおろそかにして無理に先に進んでも、提案する解決策が顧客のどういう課題と関係するのかよくわかっていないため、後で行き詰まってしまいます。

＜案件に関するお客様の課題概要＞ お客様のビジネス目標（こうありたい）から始まり、施策（目標実現のために、何に取り組むか）、課題（取り組むにあたって改善すべきこと）、そして案件（課題実現のために当社が貢献できること）の概略を記入してください。 お客様の行動せざるを得ない事情を明らかにすることが重要です。すなわち、なぜそれが問題なのか、その問題を今解決することがお客様にとって重要であるのか、を明確にします。
＜ソリューションに対する期待＞ 機能や価格、品質、納期などに関するお客様の主な要望を記入してください。

③案件に関連する顧客のキーパーソンを要約します。承認者や意思決定者、評価者、影響者、ユーザーなどのキーマンを列挙し、彼らの関心事やこちらに対する認識（ポジティブ、中立、ネガティブなど）、個人的目標をこのフォームに記入します。さらに、関係維持の状況を見るために、顧客にコンタクトしている頻度も記入します。

		キーパーソンを中心としたお客様の組織図			
お客様コンタクトの役職、氏名	購買意思決定の役割※1	意思決定で重視するポイント	お客様の当社に対する認識※2	当社の訪問頻度	お客様の個人的目標※3

※1　KDL：キー・デシジョン・リーダー（主となる意思決定者）、
　　　BO：ベネフィット・オーナー（受益者代表）、
　　　A：アプルーバー（承認者）、I：インフルエンサー（意思決定に影響を与える人）

※2　＋：ポジティブ　＝：中立　－：ネガティブ　？：不明

※3　個人的目標の例：昇進、自部門の評価の向上、社内に対する影響力の強化など

付　録

④営業ステップ2の主な目的は、ソリューション・コンセプトを作成すること
です。下記の表に、ソリューション・コンセプトの要点を記入します。ソ
リューションそのものの説明だけではなく、それがお客様に提供できる価値
も記入します。この価値が簡潔に書けないようであれば顧客にも説明できな
いため、明確になっているのかどうかを確認してください。

お客様に提供できる価値	
今回の提案は、お客様のどのような課題を解決するものですか？	
それは、お客様にどのような価値を提供しますか？	
ソリューションコンセプト	
お客様の課題を実現するための解決策は、簡潔に言って何ですか？	
どの部門の誰に提案する予定ですか？	
提案内容を適用する範囲（XX部門のみ、本社全体など）はどこまでですか？	
お客様がこの課題に最優先的に取り組むべきだと考える根拠は何ですか？	
どのようなきっかけ（お客様の業務変革への取り組み開始など）に合わせて提案しようとしていますか？	
お客様が、当社の解決策を購入しようと思う理由（合理性、実績、技術力など）は何でしょうか？	

255

⑤ソリューション・コンセプトの作成は、いきなり時間と労力をかけて詳細提案を作成した結果、それが後で顧客の要望と合わないことが判明してしまうなどという事態にならないように、まず方向性を確認する手段です。そのため、代替案や競合他社に対する優位性をしっかりと列挙し、このソリューション・コンセプトの方向性で詳細提案に進んでよいのかどうかを顧客と確認するための材料とします。

代替案	
提案しようとしているソリューションに対する代替案としては、どのようなものが考えられますか？	
どういう理由で、提案しようとしているソリューションがベストだと判断しましたか？	
競合他社との比較	
競合他社名、商品・サービス名は何ですか？	
競合他社の強み・弱みは何ですか？	
競合他社の提案に対する当社の提案の差別化要因は何ですか？	

⑥ 案件プランナーを記入してみると、顧客の課題や、キーパーソンの把握、ソリューション・コンセプトの策定、競合相手の把握などに関し、よくわからない点、確認すべき点などが出てくるのが通常です。このツールの目的は、このフォームを埋めることではなく、さまざまな案件を前に進めるために何がさらに必要なのかの気づきを得ることです。そういった事柄をうやむやにしたまま案件を進めていっても、後で必ず壁に突き当たってしまうか、案件の芽を摘んでしまいます。したがって、誰が何をいつまでにするのかのアクションプランをしっかりと立てて、その確実な実施をチェックします。

#	アクション	前提条件、必要なリソース	責任者	期日	状況
1					
2					
3					
4					
5					

付　録

(3)　案件進捗チェックシート

　先述したように、252ページの案件プランナーのフォームに現在の営業ステップの番号を記入する必要があります。それを客観的に判断するためのツールが案件進捗チェックシートです。

　このシートの各営業ステップの定義を参照して、現在の営業状況にもっとも近い営業ステップはどれかを判断します。

　シートの中の「契約までの確度」は、一般的な数値を仮置きしています。第11章の217ページの説明にあるように、自社の実績に合わせて、この数値をカスタマイズして使用するようにしてください。

営業ステップ	1	2		3	4	5
顧客の購買活動	戦略の策定と課題の明確化	解決オプションの評価		ソリューションの選択	懸念事項の解消と購買決定	ソリューション導入と価値の評価
営業活動	顧客のビジネス環境と課題の理解	ソリューションコンセプトの作成		提案ソリューションの最終化	セールスのクローズ	契約内容の実施と顧客満足の確認
完了判定基準	お客様と当社がビジネス関係をもつ価値を認める	顧客キーマンの提案検討への合意	提案内容の方向性についての合意	提案内容への顧客キーマンの暫定的合意	お客様と当社が契約書に捺印	お客様がソリューションの価値を認識
契約までの確度※1	10%（発掘中）	25%（要提案）	50%（提案中）	75%（最終提案）	100%（契約）	na（アフターサービス）
自己判定※2	☆	☆	☆			

※1　過去の営業活動に関する蓄積データから、成約確率のモデルを作る
※2　完了判定基準を参照し、終了した営業ステップに☆マークを付ける

257

⑷ 顧客価値確認シート

顧客に提案するソリューションは、顧客にとって価値が明確で、納得できるものでなければなりません。顧客価値確認シートは、それを確認するためのツールです。営業ステップ2の段階では、まだコンセプト・レベルのため、このシートにはおおよその見積もりや期待値程度のものしか書けないのが普通です。営業ステップが3、4と進んでいく中で、より詳細かつ正確なものに修正していけばよいのです。

このシートは、提案段階で顧客と合意するだけではなく、契約し、ソリューションが実施された後、実際に実現できたのかどうかをチェックするのにも使用します。

◆顧客価値確認シートのフォーム例

①顧客の現状とあるべき立ち位置や課題、ソリューションの概要、ソリューションの価値の概要などを下表に記入します。価値の詳細については②と③の表に記入します。

顧客企業名		主となる意思決定者		受益者代表	
現在の立ち位置、状況					
あるべき立ち位置、状況					
お客様の行動せざるを得ない事情（なぜ現状のままでは問題なのか、なぜ今その問題を解決しなければいけないのか）					
ソリューションの概要					
ソリューションのメリットの概要（投資対効果、定性的メリット）					
特記事項（お客様の目標値や評価指標などの重要事項があれば、記入してください）					

付　録

②お客様の中長期にわたる投資とその効果を数値で記入するとともに、定性的
な効果も記入します。

ソリューションの投資対効果（中長期）					
	第1年度	第2年度	第3年度	第4年度	第5年度
顧客の投資					
投資項目1					
投資項目2					
投資項目3					
投資項目4					
投資項目5					
投資総計	¥0	¥0	¥0	¥0	¥0
増加収益					
収益項目1					
収益項目2					
収益項目3					
収益項目4					
収益項目5					
増加収益合計	¥0	¥0	¥0	¥0	¥0
増加費用					
費用項目1					
費用項目2					
費用項目3					
費用項目4					
費用項目5					
増加費用合計	¥0	¥0	¥0	¥0	¥0
増加利益合計	¥0	¥0	¥0	¥0	¥0

定性的メリット

③このフォームには、最初の1年間の投資とその効果、さらにそれを4半期ごとに分けた計画と実績、また定性的な効果も記入します。

	ソリューションの投資対効果（年間）							
	第1四半期		第2四半期		第3四半期		第4四半期	
	計画	実績	計画	実績	計画	実績	計画	実績
顧客の投資								
投資項目1								
投資項目2								
投資項目3								
投資項目4								
投資項目5								
投資総計	¥0	¥0	¥0	¥0	¥0	¥0	¥0	¥0
増加収益								
収益項目1								
収益項目2								
収益項目3								
収益項目4								
収益項目5								
増加収益合計	¥0	¥0	¥0	¥0	¥0	¥0	¥0	¥0
増加費用								
費用項目1								
費用項目2								
費用項目3								
費用項目4								
費用項目5								
増加費用合計	¥0	¥0	¥0	¥0	¥0	¥0	¥0	¥0
増加利益合計	¥0	¥0	¥0	¥0	¥0	¥0	¥0	¥0

定性的メリット

付　録

⑸　意思決定支援シート

　意思決定支援シートは、こちらの提案内容に関する顧客の懸念事項を明確にするとともに、案件の前進を阻んでいる障害を特定し、取り除くためのツールです。顧客が抱いている懸念事項、たとえば、ソリューションの費用対効果や、契約のタイミング、導入にかかる時間、社内での稟議の円滑な処理などを明らかにし、それらを解消するためのアクションプランを記入します。

　記入したものは、上司や先輩にも見てもらい、効果的なアクションをとるためのアドバイスなどの支援をもらうとよいでしょう。

◆意思決定支援シートのフォーム例

意思決定に関する懸念事項	リスク (H/M/L)	アクション・プラン	担当者	期日

#	主要な意思決定者の懸念				
1					
2					
3					
4					
5					

#	その他のキーマンの懸念				
1					
2					
3					
4					
5					

検討のためのヒント

- 提案ソリューションは顧客の課題を過不足なく解決するのか
- 提案ソリューションは求められる投資対効果を生み出せるのか
- 提案ソリューションは顧客の人・モノ・金・時間の制約条件を満たしているのか
- 提案ソリューションは将来に対する拡張性もあるのか
- 提案ソリューションの導入や現場の展開・活用能力は大丈夫か

261

参 考 文 献

- 『イシューからはじめよ―知的生産の「シンプルな本質」』安宅和人（2010）英治出版
- 『イノベーションのジレンマ―技術革新が巨大企業を滅ぼすとき』クレイトン・クリステンセン（2001）玉田俊平太監修、伊豆原弓訳、翔泳社
- 『営業戦略の立て方・活かし方―仮説検証力を強化する！』HR インスティテュート（2008）野口吉昭編、かんき出版
- 『カウンセリング』伊東博（1995）誠信書房
- 『企業戦略論【上】基本編―競争優位の構築と持続』ジェイ・B・バーニー（2003）岡田正大訳、ダイヤモンド社
- 『競争の戦略』M. E. ポーター（1995）土岐坤、中辻萬治、服部照夫訳、ダイヤモンド社
- 『契約ゼロからトップ営業マンに変わる最速達成マニュアル』高野孝之（2014）ダイヤモンド社
- 「交渉は始まりにすぎない」『ハーバード・ビジネス・レビュー』3 月号、ダニー・アーテル（2005）ダイヤモンド社
- 『コトラーのマーケティング・マネジメント―ミレニアム版』フィリップ・コトラー（2001）恩藏直人監修、月谷真紀訳、ピアソン・エデュケーション
- 『最強の営業戦略―企業成長をドライブするマーケティング理論と実践の仕掛け』栗谷仁（2009）東洋経済新報社
- 『世界一やさしい問題解決の授業』渡辺健介（2007）ダイヤモンド社
- 「ソリューション営業からインサイト営業へ」『ハーバード・ビジネス・レビュー』7 月号、ブレント・アダムソン、マシュー・ディクソン、ニコラス・トーマン（2014）ダイヤモンド社
- 『ソリューション営業の基本戦略―問題解決型営業の考え方と技術』高橋勝浩（2005）ダイヤモンド社
- 「ソリューション営業は終わった」『ハーバード・ビジネス・レビュー』12 月号、ブレント・アダムソン、マシュー・ディクソン、ニコラス・トーマン（2012）ダイヤモンド社
- 『対話で心をケアするスペシャリスト《精神対話士》の人の話を「聴く」技術』財団法人メンタルケア協会（2006）編著、宝島社
- 『ハーバード流交渉術―イエスと言わせる方法』ロジャー・フィッシャー、ウィリアム・ユーリー（1989）金山宣夫、浅井和子訳、三笠書房
- 「ビジネス・スクールで『営業』を教え始めたわけ」『ハーバード・ビジネス・レビュー』12 月号、デイビッド・ホフマイスター、リチャード・ロッコ、ダニエル P. ストランク（2012）ダイヤモンド社
- 『フレームワークを使いこなすための50問―なぜ経営戦略は機能しないのか？』牧田幸裕（2009）東洋経済新報社
- 『プロの課題設定力』清水久三子（2009）東洋経済新報社
- 『法人営業のすべてがわかる本―改訂版』高城幸司（2012）日本能率協会マネジメントセンター

著者略歴

北澤　治郎
（きたざわ　じろう）

　京都大学工学部修士課程修了後、日本アイ・ビー・エムに入社。営業やマーケティング、戦略企画、事業管理、ソフトウェア製品企画・開発などの分野でライン管理者・部長を務める。営業戦略策定や新商品のマーケティング、事業戦略策定、事業管理の経験多数。

　営業時代は、トップコンサルティング営業パーソンとして活躍。独自開発したコンサルティング営業手法を300社に上る企業で実践し、大型案件の獲得により日本アイ・ビー・エム社長賞を受賞。この手法は、日本アイ・ビー・エムの標準的な営業手法の一部となり、海外IBMへも展開。

　2013年末に退職し、株式会社JCNBを設立。大企業から中小企業まで、顧問先企業や東京商工会議所の会員企業など数十社に支援サービスを提供。特に、営業力強化や新規事業戦略策定、新商品開発企画、販売促進プロモーションの支援に力を入れている。

　主な保有資格
- 経済産業大臣登録　中小企業診断士
- ITストラテジスト（情報処理技術者国家試験合格）
- キャリアコンサルタント（国家資格）

　株式会社JCNB
　http://www.jcnb.jp/

2016年8月1日　第1刷発行

元日本アイ・ビー・エムのトップコンサルティング営業が贈る
大型・新規案件獲得のための
新法人営業マニュアル

©著　者　　北　澤　治　郎

発行者　　脇　坂　康　弘

〒113-0033 東京都文京区本郷3-38-1

TEL. 03(3813)3966

FAX. 03(3818)2774

URL　http://www.doyukan.co.jp/

発行所　株式会社　同友館

乱丁・落丁はお取り替えいたします。

ISBN 978-4-496-05214-9

印刷・製本／三美印刷

装丁／阿部つよし

イラスト／さとう純一

Printed in Japan

本書の内容を無断で複写・複製（コピー）、引用することは、
特定の場合を除き、著作者・出版者の権利侵害となります。
また、代行業者等の第三者に依頼してスキャンやデジタル化
することは、いかなる場合も認められておりません。